Johanna Domek OSB

Gott führt uns hinaus ins Weite

Texte zur Ermutigung

VIER-TÜRME-VERLAG MÜNSTERSCHWARZACH
1987

CIP-Kurztitelaufnahme der Deutschen Bibliothek
Domek, Johanna:
Gott führt uns hinaus ins Weite : Texte zur
Ermutigung / Johanna Domek. –
Münsterschwarzach : Vier-Türme-Verlag, 1987.
  (Münsterschwarzacher Kleinschriften ; Bd. 41)
  ISBN 3-87868-358-8
NE: GT

Gesamtherstellung: Vier-Türme-Verlag, D-8711 Münsterschwarzach
© by Vier-Türme-Verlag, Münsterschwarzach
ISSN 0171-6360
ISBN 3-87868-358-8

INHALT

Vorwort	7
Kirchenbilder – das Orchester	9
Der Herrlichkeit Gottes entgegengehen	13
Wo unsere Schwächen liegen, da liegen auch unsere Stärken	17
Danken	22
Die Narben oder Die Nieten im Leben	28
Gefäße	34
Gottes Wort	41
Eingereiht werden	50
Mit allen Kräften	54
Lebenserwartung (Advent)	59
Das Geschenk auspacken (Weihnachten)	63
Versöhnung (Jahreswechsel)	65

Vorwort

Bei den folgenden Texten handelt es sich um Konferenzen, die ich in meiner Gemeinschaft gehalten habe. Zu dieser Gemeinschaft gehören zur Zeit 30 Schwestern im Alter von 20 bis 85 Jahren. Es sind sehr verschiedene Frauen hinsichtlich Lebensalter und Reife, Herkunft und Klostererfahrung, Begabung und Begrenzung, – eine bunte Mischung, die eine lebendige Gemeinschaft garantiert mit allem, was dazugehört.

So geht es in diesen Konferenzen nicht so sehr um theoretische Erwägungen zu einem wie auch immer verstandenen „geistlichen Leben", sondern vielmehr um den Versuch zu praktischer Hilfestellung und Ermutigung im Alltag einer christlichen benediktinischen Klostergemeinschaft. Da diese in ihren Grundstrukturen und Vollzügen anderen Gemeinschaften und Gruppen gleicht, mag das Gesagte darüberhinaus auch den einen oder anderen stärken und ermutigen. Lebt ja kein Mensch ohne und außerhalb von Beziehungen.

Die Bilder, die in den verschiedenen Texten angesprochen werden, wollen dazu dienen, über Sprache und Denken hinaus Lebensräume und Erfahrungsbereiche in uns neu oder wieder zu erschließen. Wir tragen da oft unbewußt einen reichen Schatz mit uns. Stärker als Gedanken und abstrakte Erkenntnis allein können diese zuerst nicht-verbalen Bilder uns leben helfen, nicht indem wir sie nur nach-denken oder sogar überdenken, sondern indem wir uns hineinfühlen, sie im eigenen Leben neu aufspüren, neu staunen und ihrer inne-werden, uns erinnern und die Kraft daraus schöpfen, die darin liegt wie ein Schatz im Acker, der nur gehoben werden will.

Es gibt soviele Systeme, Methoden und Wege, die alle ihre jeweilige Berechtigung haben, und

deren mögliche Hilfen hier keinesfalls unterschätzt werden sollen. Aber es scheint mir wichtig, daß wir nicht verlernen — oder es auch neu lernen — dem Leben in uns und überall, wo es sich zeigt, ehrlich und in großer Einfachheit zu begegnen. Wenn ich mich umsehe, habe ich oft den Eindruck, Ermutigung tut not.
Zum Teil wurden die Texte schon in Ordenszeitschriften veröffentlicht „Kirchenbilder — das Orchester" in ‚Erbe und Auftrag' (1986/6), ebenfalls da „Gefäße" (1987/2), sowie „Wo unsere Schwächen sind. . ." in den „Monastischen Informationen" (1986/Nr. 49).

Kirchenbilder — das Orchester

Das Mönchtum, die monastische Gemeinschaft hat sich immer am Bild der Urgemeinde orientiert. So wurde die Klostergemeinde oft als Kirche im kleinen gesehen. Dementsprechend sind in den Ordensregeln auch Modelle und Bilder von Kirche zu finden. Heißt es beispielsweise bei Matthäus, „ihr alle seid Brüder" (Mt 23,8), so versteht Benedikt dem Evangelium folgend die Klostergemeinde als Gemeinschaft von Brüdern. Es gibt viele Bilder für Kirche und Gemeinde. Jesus selbst nennt die Jüngergemeinde in der Bergpredigt: Salz der Erde, Stadt auf dem Berg, Licht der Welt (Mt 5,13—16). Im Johannesevangelium kommt das Bild vom Weinstock mit den Rebzweigen vor. Paulus bringt in seinem Brief an die Römer das Bild vom Leib: wir, die vielen, sind ein Leib in Christus, als einzelne aber sind wir Glieder, die zueinandergehören (Röm 12,5 ff) mit je unterschiedlichen Gaben. Petrus schreibt in seinem Brief: „Kommt zu ihm, dem lebendigen Stein, der von den Menschen verworfen, von Gott aber auserwählt und geehrt worden ist. Laßt euch als lebendige Steine zu einem geistigen Haus aufbauen" (1 Petr. 2,4 f). — Die Kirche als Haus, und wir als dessen Bausteine. — Die Kirche als Leib, und wir als dessen Glieder.

Es gibt auch das Bild von der Herde um Christus, den Hirten. Benedikt greift an sechs Stellen seiner Regel darauf zurück, in ganz verschiedenen Zusammenhängen, in den Abtskapiteln und in den Kapiteln über die Ausgeschlossenen. Benedikt kennt auch noch ganz andere Gemeindebilder, zum Beispiel das der Schule oder der Schlachtreihe. Es gibt eben verschiedene Bilder, sie alle haben ihre besonderen Schwerpunkte, wollen aus je verschiedenen Blickwinkeln etwas

Wesentliches zeigen. Nicht jedes Bild taugt für alles. Jedes Bild hat auch seine Grenzen. Aber diese Bilder helfen uns zu leben, weil wir an ihnen lernen können, unsere Beziehungen und Bezogenheiten zu verstehen: unsere Gottbezogenheit, unsere Kirchen- und Weltbezogenheit und auch die Bezogenheit untereinander. Es tut gut, diese Bilder anzusehen und seines herauszufinden.

Genauso wie Benedikt neue Bilder fand, um seine Gemeinde zu verstehen, werden auch wir dabei womöglich neue Bilder entdecken, die uns ansprechen, weiterhelfen und herausfordern.

Ein solches Bild möchte ich heute mit Ihnen entdecken: Wir alle sind wie ein Orchester – und es geht um die Musik.

Sehen Sie sich in Gedanken mal so ein Orchester an. Was es da alles gibt! Flöten zum Beispiel, kleine Piccoloflöten, aber auch das dagegen so große Fagott. Es gibt Geigen, Bratschen, Celli und sogar einen Kontrabaß (denken Sie ein Instrument mit dem „Kontra" im Namen, das gehört auch dazu!) Es gibt Fanfaren, Posaunen und Trompeten. Zum Orchester gehört ein imposanter Flügel, aber genauso die kleine Triangel. Eine Harfe mit ihren fast mystischen Klängen, aber genauso die Pauke mit ihrem Fell. Je mehr Instrumente, desto reicher und voller klingt die Musik.

Jedes Instrument hat sein Recht und seine je eigene Weise. Und das ist nicht falsch, sondern richtig so, ist nicht schlimm, sondern schön. Selbst wenn alle zusammen den gleichen Ton spielten, ein jedes tönt doch anders. Das liegt am Material und daran, wie einer darauf spielt. Es gibt da einfach große Unterschiede. Eine Geige muß man streichen, will man Musik hören, da nützt Blasen mit noch so viel Luft gar nichts. Eine Flöte dagegen will geblasen sein, sonst wird nichts aus der Melodie. Eine Trommel tönt, wenn man sie schlägt, eine Harfe klingt, wenn man sie zupft. Jedes dieser Instrumente klingt anders, und jedes muß — wenn die Musik gelingen soll — seinem Klang und Wesen treu bleiben.

Wir kennen das ähnlich vom Singen. Wenn wir einen Kanon singen oder ein mehrstimmiges Lied, dann geht's nur gut, wenn jeder „seine Stimme" hält. Man muß „seine Stimme" finden, kennen, lernen und singen, sein's singen und dabei gut auf die andern hören, dann wird's sehr schön. Beides, seinem eigenen Wesen treu folgen und ganz wach auf die anderen hören.

Denn das macht ja eigentlich ein Orchester aus, daß da viele ganz verschiedene Instrumente zusammenklingen, da musiziert nicht ein jedes drauf los, sondern sie klingen zusammen. Wir spielen zusammen. Die große Musik gelingt im Zusammenspiel.

Was wir in unserm Klosteralltag machen, ist noch nicht immer die „große Musik", aber immerhin, wir üben dafür jeden Tag, — und manchmal klingt es dann doch wunderbar.

Wo bleibt nun Gott in diesem Bild vom Orchester, diesem Gemeindebild? Gott ist der große Komponist, er hat auch die Partitur geschrieben, er dirigiert die Einsätze und den Rhythmus.

Ohne ihn wären wir keine Instrumente, sondern nur Material, ohne ihn gäbe es gar keine Musik. Aber Gott ist auch noch auf eine andere Weise in unserem Orchester, er ist die Luft und die Leere, ohne die kein Ton schwingen und klingen würde. Denn für einen Ton braucht es nicht nur das Fell der Trommel, sondern auch den großen, leeren Raum darunter, nicht nur die Saiten einer Geige oder eines Cellos, sondern auch den leeren Raum darunter, den Resonanzboden. Auch eine Flöte ist nicht einfach ein Holzstab, sondern ein ausgehöhlter Holzstab, damit die Luft hindurchgehen kann und ein Klang wird. Das ist ganz wichtig. Denn oft ist dort in unserem Leben, wo wir Leere und Ausgehöhltsein empfinden, gerade so ein Resonanzboden, da wohnt der Gottesgeist in uns und bringt den Ton zum Klingen und hilft unserer Schwachheit auf zum Beten, wie Paulus es sagt.

Es steckt noch manches drin in diesem Bild vom Orchester. Wenn Sie mal Muße dazu haben, entdecken sie es selbst. Es kann uns helfen, unserer eigenen Melodie treu zu bleiben, sie liebzugewinnen, denn Gott schenkt sie uns. Es kann uns auch helfen, auf eine gelöste und gute Art den anderen deren Melodien zu lassen und zu gönnen, auch sie sind schön und gottgeschenkt. Lassen Sie uns Tag für Tag das große Zusammenspiel unserer Instrumente wagen, zu dem uns Gottes lebendiger Geist anleitet, mutig und demütig zugleich — damit Gott mit allem und in allem verherrlicht werde.

Der Herrlichkeit Gottes entgegengehen

„Gerecht gemacht aus Glauben, haben wir Frieden mit Gott durch unsern Herrn Jesus Christus. Durch ihn haben wir auch Zugang zu der Gnade erhalten, in der wir stehen, und rühmen uns unserer Hoffnung, in der wir der Herrlichkeit Gottes entgegengehen. Mehr noch, wir rühmen uns ebenso unserer Bedrängnis, denn wir wissen: Bedrängnis bewirkt Geduld, Geduld Bewährung, Bewährung Hoffnung. Hoffnung aber läßt nicht zugrundegehen; denn die Liebe Gottes ist ausgegossen in unsere Herzen durch den Heiligen Geist, der uns gegeben ist." (Röm 5,1—5).
Beinahe jeden Samstag hören wir diesen Abschnitt aus dem Römerbrief des heiligen Paulus als Kapitellesung in der Vesper.
Wir rühmen uns unserer Hoffnung. Ja, aber das muß man dazu mitwissen: Hoffnung gibt es gar nicht ohne Bedrängnis, Sehnsucht nicht ohne Mangel. Diese Schattenseite gehört dazu, die können und dürfen wir nicht streichen und ignorieren, wenn's wirklich stimmen soll mit der Hoffnung.
Die Hoffnung, die uns tatsächlich nicht zugrundegehen läßt, ist wie die Frucht einer Pflanze. Manches muß vorher wachsen, bevor die Frucht reift. In der Bedrängnis wächst die Geduld, die Geduld wirkt die Bewährung, die Bewährung die Hoffnung. Denn wir bewähren uns nicht, weil wir selbst so stark und tüchtig sind, sondern weil und insoweit wir es wagen, in aller Bedrängnis auf Gott zu hoffen.
Also, die Bedrängnis, in der wir vielleicht stehen, unter der wir oft genug leiden, ist auch was wert. Paulus sagt deshalb: wir rühmen uns unserer Bedrängnis. Im allgemeinen gelingt uns das höch-

stens im nachhinein. Aber es wäre schon viel gewonnen, wenn wir mit unserem ganzen Wesen glauben könnten: die Bedrängnis, in der wir stecken, ist auch was wert. Sie ist der Boden, in dem diese wundersame Pflanze gedeiht, deren Wurzeln und Blätter Geduld, deren Stengel Bewährung, deren Früchte Hoffnung heißen.
Wir rühmen uns unserer Hoffnung, in der wir der Herrlichkeit Gottes entgegengehen. Ob wir uns darüber klar sind, daß wir der Herrlichkeit Gottes entgegengehen? Unsere Wege durchs Leben sind zum großen Teil vom Ziel her bestimmt. Es prägt und verändert z.B. alle Wege und Augenblicke eines Tages, wenn ich am Abend Freunde besuchen will, oder zu einem Fest gehe, oder ins Theater oder zum Zirkus. Bei allem, was uns untertags begegnet, schwingt das dann durch. Das ist auch umgekehrt so. Wer z.B. richtige Angst vorm Zahnarzt hat, weiß, wie quälend ein Vormittag sein kann, wenn am Nachmittag dort ein Termin ansteht. Das Ziel bestimmt die Perspektive. Und es hängt eben viel vom Ziel ab, wie ich einen Weg gehe.
Mir helfen da die Heiligen in den Seitenflügeln unseres Altarbildes, die mir fast wie eine Illustration zu unserem Text scheinen.
Auf Goldgrund — einem Bild dafür, daß unsere Geschichte längst Heilsgeschichte ist — stehen die hl. Luzia mit dem Schwert im Halse, der hl. Christophorus mitten im Fluß, das Kind auf der Schulter, gestützt auf einen starken, aber ganz und gar entwurzelten Baumstamm. Auf der andern Seite in priesterlichen Gewändern der hl. Johannes und daneben, den Abtsstab in der einen Hand und in der andern die Kette, die ihm die Landbevölkerung als Weihegabe schenkte, der hl. Leonard. (Denken Sie doch, wer käme von uns auf die Idee, einem Heiligen eine so schwere

Kette als Dank zu schenken! Da muß viel Not und Leid vorausgegangen sein, ehe jemand auf so ein Symbol kommt.)
Zu den Füßen dieser Heiligen ist in kleinen Sträuchern und Wegen die Welt gemalt. Diese Heiligen erstaunen mich, wie sie da in ihrer Welt stehen mit dem Schwert im Hals, der Kette in der Hand, und zum mittleren Bild hinsehen, die Krönung Mariens durch die hl. Dreifaltigkeit, dem Himmel, der Herrlichkeit Gottes, der sie auf den Wegen dieser Welt durch all die Drangsal entgegengehen.
So sollten wir's versuchen.
Wenn wir der Herrlichkeit Gottes entgegengehn, dann kommt sie auf uns zu, weil Gott ja weiß, daß wir ihn nie aus eigener Kraft erreichen können. Das beten wir jede Woche im 24. Psalm, dem Invitatorium vom Donnerstag.
Die Herrlichkeit Gottes, der wir entgegengehen, die kommt schon. Aber nehmen wir sie genug wahr? Sie ist schon mitten unter uns. Wir aber neigen in unserer Kurzsichtigkeit dazu, den Sandhaufen zu sehen und nicht die Goldkörner, die darin verborgen liegen.
Bliebe noch zu sagen, was das denn ist, diese „Herrlichkeit Gottes", der wir entgegengehen. Und hier traue ich mich kaum weiterzusprechen, denn sie ist für jeden von uns verschieden, sie ist die volle Erfüllung unserer je eigenen Berufung und unserer gemeinsamen Berufung. Davon hängt es ab. Die Herrlichkeit Gottes kann der Himmel sein. Die Herrlichkeit unseres Gottes kann aber auch die Verherrlichung am Kreuz sein . . . und noch vieles andere.
Aber es gibt eigentlich für uns, die wir uns schon mal auf den Weg gemacht haben, keine wirkliche Alternative dazu. Darum wäre es so wichtig, daß wir uns dabei helfen, dieser Herrlichkeit Gottes

entgegenzugehen, damit wir, wie der hl. Benedikt sagt: „ . . . im Kloster bis zum Tode an seiner (Christi) Lehre festhalten, und in Geduld am Leiden Christi teilnehmen, damit wir auch würdig werden, Gefährten seiner Herrlichkeit zu sein (Prolog, 50 b).

Darum möchte ich Sie heute bitten, helfen wir einander, diese Herrlichkeit Gottes zu finden, die uns längst entgegenkommt und deren Spuren als Widerschein in jedem unserer Alltage bereits enthalten sind.

Wo unsere Schwächen liegen, da liegen auch unsere Stärken

In einem jeden Menschen liegen ganz verschiedene Kräfte und Neigungen. Allgemein kann man sagen: Wo unsere Schwächen liegen, da liegen auch unsere Stärken; und umgekehrt: Wo unsere Stärken liegen, da liegen auch unsere Schwächen. An diesem Punkt geschehen auch die häufigsten Sünden. Jemand sagte: Wir sündigen stets im Bereich unserer stärksten Gaben.[1] Und diese beiden Dinge hängen unlösbar zusammen: Die Erkenntnis unserer Sünden und die Erkenntnis der uns geschenkten Gaben.

Über die Sünde nachzudenken, ist sinnvoll, denn dabei entdecken wir unsere große Bedürftigkeit vor Gott, unsere Leere und Armut, und die Sehnsucht nach Gott wächst daran, – so wie man sich bisweilen an finsteren Tagen nach dem warmen Licht der Sonne sehnt.

Aber wir wollen jetzt einmal miteinander auch über die andere Seite, die damit zusammenhängenden Gaben, nachdenken. An den Heiligen mit ihren so ausgeprägten Charakteren wird das Gemeinte besonders deutlich. Sehen wir beispielsweise auf die Apostelfürsten Petrus und Paulus.

Petrus, der in allem immer vorneweg ist, spontan und unüberlegt, gerade er wird von Christus in Dienst genommen für die Leitung der ersten Christengemeinde. Da ist er zwar auch ein paarmal zaghaft, z.B. als es um die Form geht, in der Nichtjuden in die aus dem Judentum erwachsende Christengemeinde aufgenommen werden sollen (Gal. 2,11 ff). Aber seine Spontaneität, seine Bereitschaft, Christus ins Neuland nachzufolgen, vom Geist der Liebe Gottes getrieben ganz neue Dinge zu wagen, die bleibt vorherrschend, stärker. Denken Sie an den Traum des Petrus in Joppe, und wie er ohne jedes Zögern mit den gerade ankommenden Leuten des Hauptmanns Kornelius mitgeht (Apg 10,9—23 a).

Andererseits sündigt Petrus aber auch durch sein vorlautes Wesen, und das wohl nicht nur bis zum Kreuzestod Jesu, sondern auch später noch. Beides muß man sehen, Stärke und Schwäche. Wir können uns nur entscheiden: entweder wir nehmen den Petrus so an, wie er ist, oder wir sagen: „Wenn der so ist, so vorlaut, mir so auf die Nerven geht damit, dann soll er mir lieber nicht zu nahe kommen." Nun, ich denke, den Petrus nehmen wir wohl so an, wie er ist, so im Nachhinein, da wir ihn nur noch den „heiligen Petrus" nennen. (Wie das wohl wäre, wenn der heilige Petrus heute in unserem Konvent lebte?) Aber wir müssen uns auch selbst so annehmen — und irgendwann auch die Menschen um uns herum, so wie sie sind. Genauso wünschen wir es ja für uns selbst von den anderen.

Sehen wir noch auf den inzwischen heiligen Paulus. Er hatte ja eine manchmal unheimliche Energie. Es ist ein und dieselbe Energie, die ihn antreibt, erst die junge Christengemeinde so fanatisch zu verfolgen und später das Evangelium durch alle möglichen Städte und Gegenden bis nach Rom hin zu verkündigen. Seine Schuld und sein Verdienst kommen aus der gleichen Quelle. Und in dem Maß er die Schuld der Vergangenheit von Christus heilen und in Dienst nehmen läßt, wird sie ihm zur Quelle innerer Gaben.

Paulus war auch nach seiner Bekehrung vor Damaskus kein einfacher, friedlicher Mensch, mit dem sich leicht auskommen ließ. Erinnern Sie sich nur daran, wie er nach Jerusalem kommt und nur allmählich Zugang zur Jüngergemeinde findet. Dort bringt er soviel Unruhe ins gerade wachsende Gefüge der Gemeinde (in dieser Zeit streitet er sich viel mit den Hellenisten), daß man ihn nach Cäsarea bringt und von dort nach Tarsus zurückschickt (Apg. 9,28 ff) Später erst holt ihn Barnabas von dort in die neue Gemeinde nach Antiochia (Apg 11,25 f). Mit Paulus war nicht leicht auskommen. Aber die Spannung, die er in sich trug, die trieb ihn auch weiterzugehen, die trug das Evangelium zu den Heidenvölkern. Beides gehört zusammen, Stärke und Schwäche. Und wir können nicht nur die Hälfte nehmen. Und wie arm wären wir dran ohne Leute wie Paulus.

Auch mit den Gaben, die Gott uns schenkt, geht es ähnlich. Wir sollten das ganz nüchtern und demütig sehen. Wer empfindsam ist, ist auch leicht empfindlich. Wer kraftvoll ans Werk geht, wird manchmal auch grob. Wer wachen Sinn für Gerechtigkeit in der Welt hat, ist bisweilen schnell zu kritisch und mürrisch. Wem die Gabe des Sprechens, des Wortes eigen ist, der kann Gemeinschaft aufbauen, damit aber unter Umständen auch rasch das Gespräch an sich reißen, so daß die Menschen mit den leisen Tönen nicht durchkommen. Wer den Überblick hat und gut organisieren kann, redet den andern auch leicht in deren Sache herein. Stärken und Schwächen sind wie die zwei Seiten einer Münze. Was sollen wir also damit anfangen?

Ich meine, wir sollten anfangen, unsere starken und schwachen Seiten zu bejahen und anzunehmen wie eine Mutter ihre gottgeschenkten Kinder (in unserem Fall sind es Zwillinge), die die Zuwendung und Zärtlichkeit der Mutter übrigens gerade, wenn etwas schlimm ist und weh tut, am meisten brauchen. Beginnen wir wieder einmal damit, uns selbst anzunehmen. Nennen wir ruhig, ganz ehrlich und in großer Selbsterkenntnis die Stärke – Stärke und die Schwäche – Schwäche. Wir werden uns daran freuen können und daran zu leiden haben. Und dann wollen wir all das nehmen, was wir – wie eine Mutter ihre Kinder – in die Arme geschlossen haben, und es Gott hinhalten und schenken, so stark und schwach wie es ist, damit er alles segnet, wie er die Kinder der Mütter im Evangelium gesegnet hat. – Gerade die schwierigsten Kinder brauchen am meisten den Segen, gerade an unseren vermeintlich schwächsten Stellen brauchen wir den Herrn, der uns heilt und segnet. Seien wir da mindestens so hartnäckig wie die Mütter im Evangelium (Lk 18,15 ff). Ich glaube, wir sollten das Verwundete und Böse in uns viel öfter verschenken. Und wenn wir uns so selbst wieder einmal angenommen und zu Christus getragen haben, uns ihm anvertraut haben, dann wollen wir auch versuchen, die andern um uns geradeso anzunehmen und zu Christus zu tragen. Denn wir wissen, wie sich der Mensch fühlt in seiner Armseligkeit und Bedürftigkeit. Eigentlich dürfte es uns da gar nicht so schwerfallen, die andern zu verstehen, die sich genauso ertragen müssen wie wir uns.

Das meint ja der hl. Benedikt in seinem 72. Regelkapitel, wo er vom „guten Eifer, den die Mönche (und Nonnen) haben sollen", spricht. Zweimal zitiert er in seiner Regel aus dem Römerbrief (12,10) den Vers: „Übertrefft einander in gegenseitiger Achtung", in Kapitel 63 „Über die Rangordnung in der Klostergemeinde" und eben hier in Kapitel 72. Es ist bemerkenswert, wie Benedikt an dieser Stelle fortfährt, wo er von der gegenseitigen Achtung spricht. Er sagt: „Sie sollen ihre leiblichen und charakterlichen Schwächen in größter Geduld aneinander ertragen" (72,5). Achtung nicht nur da, wo wir und andere glänzen, sondern Achtung vor dem andern an den Schwachstellen; wirklich ertragen, tragen, wie die Freunde den Gelähmten auf der Bahre zu Christus trugen (Lk 5,19). Jeder von uns braucht solche Freunde und kann ein solcher Freund sein. Tragen wir uns gegenseitig zu Christus. Beten wir, jede einzelne, heute abend noch für eine andere Schwester, mit der wir vielleicht etwas Schönes erlebten oder aneinandergeraten sind oder die wir heute noch gar nicht angesehen haben. Probieren Sie es doch bitte, fünf Minuten lang wenigstens! Und tragen wir auch alle Welt, die uns heute begegnet ist, so zu Christus hin, jede Schwäche, jede Stärke, dankend und bittend. Und bleiben wir voll Vertrauen in dem Wissen, gerade dort, wo die Schwächen eines Menschen liegen, liegen auch seine – bisweilen verborgenen und unentdeckten – Stärken. Wenn Christus diese Stellen, die wir ihm nicht vorenthalten wollen, berührt, tauft, segnet und in Dienst nimmt, dann kann etwas Großartiges daraus werden! Sehen Sie sich die Heiligen an! Warum sollte es für Gott mit uns unmöglich sein? Beten wir so füreinander, bringen wir einander und die ganze starke-schwache Welt zu Jesus, wie eine Mutter ihre Kinder, wie die Freunde den Gelähmten, wie eine Schwester ihre Geschwister.

Danken

Ich möchte mit Ihnen über den Dank, das Danken und die Dankbarkeit nachdenken. Dabei werden wir unsern Blick auf die Bibel, das Alte und Neue Testament, die Regel Benedikts, auf eine Erzählung der Chassidim und auf unser eigenes Leben richten.

Beginnen wir mit der Bibel. Das Alte Testament kennt im Hebräischen kein eigenes Wort für „danken", danken wird umschrieben mit „loben" und „preisen". In den späteren Büchern der Seputuaginta (einer Übersetzung ins Griechische, die im 3. bis 2. Jahrhundert v. Chr. entstand) erscheinen für „Dank" die Begriffe „eucharistia" und „eucharistein" (vgl. Jdt 8,25 und Weish 18,2). Das Gleiche finden wir bei Lukas, Paulus und Johannes im NT. Jesus dankt seinem Vater, indem er ihn preist (Mt 11,25 und Lk 10,21). Auch das Magnificat Mariens ist von dieser Haltung geprägt.

Es gibt der Heiligen Schrift zufolge eine richtige und eine falsche Weise zu danken. Die falsche ist die des Pharisäers im Tempel bei Lk 18,11, der vorgeht, nach vorn geht, mitten hinein ins Heiligtum und betet: „Ich danke dir Gott, daß ich nicht wie die andern Menschen bin, wie die Räuber, Betrüger, Ehebrecher oder auch wie dieser Zöllner dorthinten". In jedem von uns steckt diese Art, wenn wir ehrlich mit uns sind, bisweilen auch. Bleiben wir da wachsam, nicht im Blick auf die andern, sondern gerade im Blick auf uns selbst. Die richtige Weise des Dankens sehen wir z.B. bei der Heilung des aussätzigen Samariters (Lk 17,11–19), der, als er merkte, daß er geheilt war, umkehrte zu Jesus, Gott mit lauter Stimme lobte, sich vor den Füßen Jesu zu Boden warf und ihm dankte. Da ist das „Danken" ein ganz grundlegender religiöser Akt, in nichts zur Formel erstarrt.

Die Gesinnung des Dankens ist ganz lebendig in den Briefen des hl. Paulus. So schreibt er z.B. an die Epheser (5,20): „Sagt jederzeit Dank für alles . . ." oder an die Thessalonicher (1 Thess 5,18): „Dankt für alles, denn das will Gott von euch, die ihr Christus Jesus gehört."

Jetzt würde ich wohl gern spüren, wie Sie so einen Satz erleben. Ob es Ihnen so geht wie mir? Ich stolpere da nämlich ordentlich oder schnappe gewaltig nach Luft und muß erst einmal darüber nachdenken, ehe ich mit solchen Worten einverstanden sein kann. Danken für alles? Bleiben wir ehrlich! Gibt es das denn oder, sollte es das geben? Ist das wünschenswert?

Theologisch gesehen ist der Dank des Menschen die Antwort auf Gottes Gnade (z.B. 2 Kor 4,15: Alles tun wir euretwegen, damit immer mehr Menschen aufgrund der überreich gewordenen Gnade den Dank vervielfachen, Gott zur Ehre), und laut 2 Tim 3,2 gehört die Undankbarkeit zu den schlimmen Kennzeichen der letzten Tage, dieser schweren Zeit.

Wir haben Gott viel zu danken, er hat uns in Christus sich selbst geschenkt. Aber danken für alles? Was würden Sie denn sagen, wenn es Ihnen wegen irgendeiner Geschichte sehr schlecht geht und ich Ihnen raten würde „danken Sie für alles, denn das will Gott von Ihnen"? Vielleicht würden Sie antworten: „So leicht geht das nicht, so einfach ist das nicht". Das wäre auch richtig geantwortet. Wir müssen noch einen Schritt weitergehen, wenn aus dem Stolpern was werden soll.

Ich habe nach meinen biblischen Entdeckungsreisen auch in der Regel Benedikts nachgesehen, was denn dort für Anweisungen für's Danken

stehen. Falls Sie vermuten, es gäbe so etwas bei den „Instrumenten der guten Werke", haben Sie sich geirrt. Bei all den Werkzeugen, die dort aufgezählt werden, kommt „danken" gar nicht vor. Im Stichwortverzeichnis steht das Wort auch nicht drin. Wo würden Sie denn nun die Dankbarkeit in der Regel Benedikts suchen? . . .
Ich fand sie im Kapitel 34 „Ob alle im gleichen Maß das Notwendige erhalten sollen". Sie wissen, Benedikt sagt, man soll auf die verschiedenen Bedürfnisse der Menschen Rücksicht nehmen. Im Lateinischen geht's dann in Vers 3 so weiter: „ubi qui minus indiget, agat Deo gratias et non contristetur", zu deutsch: wer also weniger braucht, danke Gott und sei nicht traurig.
Gott danken und nicht traurig sein . . .
Das Wort wäre es wert, daß wir es eine Weile still ansehen und sonst nichts tun. So ein Wort wird ja im Grunde nur dort akut, wo etwas ist oder geschieht, das beides möglich macht: danken und traurig sein, entweder − oder. Das ist ja kein Wort für Sonnenstunden, für Glückskinder. Gott danken und nicht traurig sein, − das ist ein ganz zärtliches, ganz mütterliches Wort. Da wird auch nicht irgendeine Situation des Lebens vermieden, verniedlicht, verharmlost, da wird nicht gemogelt und auf „schön Wetter" gemacht − und trotzdem kann man danken. Denn Gott bleibt im Blick, traurig ist der Mensch zutiefst dann, wenn er in sich selbst zusammensinkt und seines eigenen Elends gewahr wird oder das eines andern, das ihm sehr nahe geht. Danken in diesem Sinn beginnt in Situationen, die auch Trauer und Traurigkeit provozieren. Ja, da tut's besonders not, Gott im Blick zu haben.
Manchmal geht das aber nicht allein, das weiß eine jede von sich selbst, da muß denn ein anderer

Mensch da sein, der mir das sagt: „ . . . danken und nicht traurig sein". Gewiß ist das die Aufgabe des Abtes, wie Benedikt ihn versteht, und auch die einer Priorin. Aber das ist nicht nur deren Sache, das wissen Sie schon lange. Helfen wir einander. Und vergessen wir nicht, das ist absolut kein Wort für Sonnenstunden und Glückskinder.

Dieses Wort geschieht im allgemeinen nicht in einem Augenblick, von jetzt auf gleich, an einem einzigen Punkt, es ist ein Prozeß, ein Werdegang, es dauert eine Weile.

Beispielhaft dafür mag die Erzählung aus den Dialogen des hl. Gregor sein. Sie kennen sie gut. Einem Goten fällt bei der Arbeit die Sichel in den See. Ganz zermürbt kommt er zu Benedikt, um ihm den Verlust zu klagen (da ist die Trauer schon, die wir gut kennen). Auf Benedikts Geste und Gebet hin, taucht die Sichel auf, schwimmt das Eisen auf dem Wasser, er gibt sie ihm wieder und sagt: „Geh an deine Arbeit und sei nicht traurig".

Wenn man die beiden Sätze wie eine Gleichung in der Mathematik hernimmt, steht auf der einen Seite beide Male „sei nicht traurig". Auf der andern Seite steht dann: „Gott danken" bzw. „Geh an deine Arbeit". Das hängt also zusammen. Beides kommt aus der gleichen Quelle, beides braucht die gleiche Haltung. Entdecken Sie das doch einmal wieder in Ihrem Alltag. Von dem Goten heißt es: Er ging fort (an seine Arbeit) und lobte Gott. – Erinnern Sie sich an das Hebräische. – Aus dieser Geschichte kann man ablesen, was ein Abt bzw. eine Priorin sein soll. Ich denke seitdem viel darüber nach. Aber noch einen Blick auf den Goten, er ist in eine arge Situation hineingeraten, mit seinem Leid zu Christus gelaufen, der ihm im Abt Benedikt begegnete. Und der ist nun in diesem Prozeß mitgegangen, bis das Ganze für diesen Goten eine Erfahrung war, für die er danken konnte, weil er Gottes Liebe darin erfahren hat und sie entziffern konnte. Man kann von der Geschichte viel lernen.

Martin Buber hat in einem umfangreichen Werk die Erzählungen der Chassidim gesammelt. Vor Jahren bekam ich eine davon zugeschickt, sie paßt gut in unsern Zusammenhang:

Rabbi Michael lebte in großer Armut, aber die Freude verließ ihn nicht für eine Stunde. Jemand fragt ihn, wie er jeden Tag beten könne: „Gesegnet sei, der mir alles, dessen ich bedarf, gewährt". Er wisse doch, daß ihm alles, dessen der Mensch bedarf, fehle. „Sicherlich ist, wessen ich bedarf, die Armut. Und die ist mir gewährt", antwortete der Rabbi.[2]

Beten wir:
Herr, alles kommt von dir,
Schutz und Gefahr, Licht und Finsternis.
Ich danke dir, daß ich das weiß.

Nichts geschieht von selbst.
Daß es Tag wird, danke ich dir,
und daß es Nacht wird
und der Tag sein Ende findet.
Nichts ist selbstverständlich, was bei Tag und Nacht geschieht.

Millionen Jahre waren, ehe es mich gab.
Jahrmillionen werden vielleicht nach mir sein.
Irgendwo in ihrer Mitte sind ein paar Sommer,
in denen für mich Tag ist auf dieser Erde.
Für diese Spanne Zeit und alles, was darin liegt, danke ich dir.

Alles, was geschieht, ist ein Geschenk für mich.
Alle Wahrheit, die ich verstehe und verstehen lerne, ein Geschenk.
Alle Liebe, die ich gebe oder empfange,
alle Lebenskraft, die mich je erfüllt.
Alles, was mir zufällt, ist deine Gabe.
Von wem sollte es mir zufallen, wenn nicht von dir?

Alles, was mir schwer aufliegt, ist dein Wille,
für den ich dir danke.
Wer sollte es mir auflegen, wenn nicht du?

Was ich bin und habe, ist dein Wunder,
denn in Licht und Dunkel bist du,
in allem schaue ich dich.
Und über alles Begreifen hinaus
umgibt mich dein Leben.
Ich danke dir, Herr, mit meinem ganzen Herzen.[3]

Die Narben oder Die Nieten im Leben

Als ich noch klein war, vielleicht zehn Jahre alt, hatte ich einmal in meiner rechten Hand eine Warze, der nicht anders beizukommen war als dadurch, daß der Arzt sie herausbrannte. Das hat mächtig weh getan, aber ist schon lange vorbei, und ich würde wahrscheinlich nie mehr daran denken, wäre nicht noch immer die Narbe da, die mich ab und zu daran erinnert. Eigentlich seltsam, in der Zeit seit damals hat sich meine Haut schon ein paarmal rundum erneuert. Aber die Haut, die dort nachwuchs, wuchs immer wieder in die Form dieser Narbe hinein.

Jeder kennt das von sich. Auf dem Weg bisher hat das Leben bleibende Spuren und Zeichen bei uns hinterlassen. Manche sind uns in den Leib geschrieben wie meine Narbe, andere, die oft viel mehr wiegen, sind unserm Leben in tieferen Schichten eingezeichnet und wirken von dort und prägen uns. Auch der innere Mensch hat seine Narben. Die rühren her von ein für allemal verpaßten Gelegenheiten und Chancen, von Schuld, Mißerfolg, von einer Ausbildung, die einer nie machen konnte und immer wollte, von Krankheit, die alle Pläne durchkreuzte, von Verletzungen und Erfahrungen vieler Art an uns und durch uns. Zuweilen sind solche Wunden unseres Lebens schon alt und vernarbt, aber noch nie richtig ausgeheilt.

Wir könnten das so hinnehmen, resigniert anerkennen, daß das Leben einem eben so mitspielt. Wir könnten dann sagen, das passiert jedem, jeder hat eben solche inneren und äußeren Wunden und Narben. Aber das zu wissen allein hilft mir nicht unbedingt, damit besser zurechtzukommen, damit weiterzuleben. Doch wenn ich geduldig zusehe, kann ich vielleicht beim Sehen auf die anderen noch etwas lernen. Denn wenn ich auf manchen Lebensweg schaue, meine ich, noch etwas anders müßte möglich sein außer Resignation oder Aggression, möglich und heilsamer. Da sehe ich, wie aus den offensichtlichen Nieten, die jemand in seinem Leben gezogen hat und die sein Leben zeichnen wie die Narbe meine Hand, noch ein Gewinn wird; wie der Same, den man für schal und tot hielt und für leere Hülsen, doch noch seine Frucht brachte.

Einer von denen, an denen ich ablese, wie das gehen kann, ist der hl. Benedikt, wie er gerade dabei ist, vor den Nachstellungen eines neidischen Priesters namens Florentius Subiaco zu verlassen. Gregor d. Gr. malt diese Szene ins 2. Buch seiner Dialoge hinein.[4] Sie ist eine von vier Szenen, in denen Benedikts Begnadung mit der der alttestamentlichen Gottesmänner verglichen wird, hier mit Davids Trauer um den toten Feind. So trauert auch Benedikt über den plötzlichen Tod des Priesters, der ihm so hartnäckig nachstellte und – als er merkte, daß er den Meister nicht zu Fall bringen konnte – versuchte, seine Schüler vom Weg abzubringen. Benedikt geht davon, verläßt Subiaco und alles, was er dort aufgebaut hatte. Er, dem es doch vertraut war zu kämpfen, bekämpft den Florentius nicht, aber sein Weggehen ist auch keine Resignation. Vielmehr entziffert er in der ohne Frage bedrängenden Situation einen Sinn, den er wie von Gott gefügt annimmt. Das ist vielleicht eine Kunst! Und so kehrt er, der sich eben erst auf den Weg gemacht hat, auch nicht im Triumph zurück, als sein Widersacher so plötzlich zu Tode kommt in seinem Zorn. Er, Benedikt, geht weiter, geht fort. Nicht nur von den Nachstellungen des Florentius, sondern von Gott hat er sich auf den Weg bringen lassen. Und die vermeintliche Niete, die er in dieser Geschichte als Los zog, entpuppt sich als Voraussetzung für die Gründung von Monte Cassino.

Oder sehen wir auf den Lebensweg der Mutter Mechtilde de Bar (1614–1698). Gelungen sieht das Ganze nur von hinten aus![5] Die ersten 40 Jahre, die eine Hälfte ihres langen Lebens, wird sie viele Male hin und her getrieben. Mit 17 tritt sie bei den Annuntiaten ein. Dann bricht dort die Pest aus. Mit gerade 20 wird sie Oberin. Wenig später die erste Flucht vor den französischen Truppen im 30jährigen Krieg. Dann folgt der mühsame Übertritt zu den Benediktinerinnen im Rambervillers. Wieder heißt es anzufangen. Wenige Monate nach der Profeß dort geht's wieder auf die Flucht. Sie gerät nach Paris, in die Abtei von Montmartre. Dort bleibt sie auch nicht sehr lange. Sie gelangt in die Normandie, lernt dort z.B. Jean de Bernières kennen. Der Weg führt wieder zurück nach Paris. Nichts, was sie versucht hatte, hielt stand. Sie gründet in Paris ein kleines Kloster, wird drei Jahre später nach Caen gerufen, kehrt ein paar Jahre danach als Priorin nach Rambervillers zurück. Es folgt die nächste Vertreibung. Schließlich kommt sie nach Paris in die rue de Bac, und mitten im Durcheinander dieser aufgewühlten Zeit gründet sie eine neue benediktinische Kongregation. Die zweite Lebenshälfte ist von Gründungen (und damit verbundenen Schwierigkeiten) neuer Klöster gezeichnet. Was für ein Weg! Soviel Zickzackkurs! Soviel hin und her getrieben! Aber dabei kommt M. Mechtilde mit den bedeutendsten Zentren und Strömungen der Spiritualität in diesem sogenannten „Goldenen Zeitalter" der französischen Mystik in Berührung, wie sie es aus eigenem Plan nie unternommen hätte. Und bei alldem ist ihr Herz weit und reif und nicht eng geworden. Die verschiedenen Einflüsse wachsen in ihr zu einer starken, wirkkräftigen Synthese zusammen. Aber das hat sie ja erst einmal gar nicht gewußt! Da kann man schon dran lernen, den Weg im Vertrauen auf Gott – auch unter schwierigen Bedingungen – anzunehmen und zu gehen, der zu seiner Zeit die Einzelteile zu einem Ganzen zusammenfügt, wie es ihm gefällt.

Wenn man die Oberfläche dieses Lebens ansieht, gab es – besonders, aber nicht nur in seiner ersten Hälfte – einige Schiffbrüche, einige Nieten. Nicht jedem von uns steht derartiges in gleichem Ausmaß bevor. Aber lernen wir doch daran, wie man sie einerseits nicht ignoriert oder herunterspielt, sich aber andererseits auch nicht darauf fixiert, sondern in allem und durch alles hindurch Gott suchen kann mit jeder Faser des Lebens; Gott, der mir in allem begegnen will, der mich in allem liebt.

Denken Sie nicht, ich wollte das leichthin behaupten oder verallgemeinern. Es gibt Geschicke in der Welt, da würde ich mich nie trauen zu sagen, Gott hat es gefügt. Es ist besser, das nur je für sich zu sagen und zu üben und ganz leise damit zu beginnen. Aber, ohne eine zu simple Allgemeinwahrheit daraus machen zu wollen, ich halte es – so gesehen – für eine sehr gute Übung, einen wirklichen Weg mit den Wunden und Narben und Nieten leben zu lernen, und die Frucht, die daraus wachsen will, nicht zu hindern, nicht abzudrängen.

Schauen Sie doch eine konkrete Wunde oder Narbe Ihres Lebens an und versuchen Sie langsam, sich damit im Vertrauen auf Gott auszusöhnen. Nicht abzufinden, sondern auszusöhnen. Solange Sie in einer Sache nur – und sei das auch noch so unterschwellig und in vergessenen Tiefen – hadern und verdrängen, kommen Sie ja an dieser Stelle des Lebens keinen Schritt weiter, und all das Leid und der Schmerz bleiben sinn- und fruchtlos.

Aber wenn wir uns über die Zone des Haderns hinauswagen, mit einem mutigen Sprung oder auch tastend, je nachdem, dann werden auch in den widrigen Geschehnissen unseres Weges Kräfte frei, mit denen wir einander dienen und Gott verherrlichen können und für uns selbst einen vollen Frieden finden. Lernen wir, mit allem, was zu uns gehört, auch den offensichtlichen und verborgenen Narben, in der Gegenwart Gottes zu leben. Narben sind dann Erinnerungszeichen an den Weg, den Gott mit uns ging.

Sie kennen die Erzählung aus dem Buch Daniel von den Jünglingen im Feuerofen. Die Jünglinge beten da im Feuerofen. Und ein Engel Gottes kommt und hilft ihnen singen. Wir würden vielleicht vorschlagen, er soll doch das Feuer löschen. Aber er hilft ihnen singen. Gott bewahrt diese Männer nicht vor dem Feuer (in das sie in diesem Fall übrigens wegen ihrer Treue zu ihrem Gott geraten sind), Gott behütet sie im Feuer. So wird das Feuer schließlich für sie zu einer einzigartigen Gotteserfahrung. Aber das wußten sie erst einmal auch nicht. Sie sagen vielmehr dem König Nebukadnezzar: „Auch wenn wir in deinem Feuer umkommen, wenn unser Gott uns nicht rettet, wir schwören unserm Gott nicht ab, wir trauen allein auf ihn."

Beten wir ein Lied mit, so wie wir's gerade können, bange oder mutig, flüsternd oder voll Zuversicht, in Nebel und Sonnenlicht. Und trauen wir uns, dieses Lied in unsern Kontext des Lebens heute zu übersetzen. Dann singen auch die Narben und Nieten mit.

Gepriesen bist du Herr, du Gott unserer Väter,
gelobt und gerühmt in Ewigkeit . . .
  Preiset den Herrn, ihr, Sonne und Mond,
  lobt und rühmt ihn in Ewigkeit!
Preiset den Herrn, ihr Sterne am Himmel,
lobt und rühmt ihn in Ewigkeit!
  Preiset den Herrn, aller Regen und Tau,
  lobt und rühmt ihn in Ewigkeit!
Preiset den Herrn, all ihr Winde,
lobt und rühmt ihn in Ewigkeit!
  Preiset den Herrn, Feuer und Glut,
  lobt und rühmt ihn in Ewigkeit!
Preiset den Herrn, Frost und Hitze,
lobt und rühmt ihn in Ewigkeit! . . .
  Preiset den Herrn, ihr Tage und Nächte,
  lobt und rühmt ihn in Ewigkeit!
Preiset den Herrn, Licht und Dunkel,
lobt und rühmt ihn in Ewigkeit! . . .
  Preiset den Herrn, ihr Blitze und Wolken,
  lobt und rühmt ihn in Ewigkeit!
Die Erde preise den Herrn,
sie lobe und rühme ihn in Ewigkeit!
  Preiset den Herrn, ihr Berge und Hügel,
  lobt und rühmt ihn in Ewigkeit!
Preiset den Herrn, all ihr Gewächse auf Erden,
lobt und rühmt ihn in Ewigkeit!
  Preiset den Herrn, ihr Meere und Flüsse,
  lobt und rühmt ihn in Ewigkeit!
Preiset den Herrn, ihr Quellen,
lobt und rühmt ihn in Ewigkeit! . . .
Preiset den Herrn, all ihr Vögel am Himmel . . .
Preiset den Herrn, all ihr Tiere, wilde und zahme . . .
Preiset den Herrn, ihr Menschen . . .

Gefäße

Wenn man von unserm Kloster aus stadteinwärts geht, kommt man auf der Bonner Straße, rechterhand hinter der Eisenbahnbrücke, an einem Geschäft für Garten- und Hausgerät vorbei. Da gibt es etwas, das ich, sooft ich daran vorbeikomme, seltsam finde: ein ganzes Schaufenster mit Geschirr und an jedem Stück zwei Preise, ein höherer, der ist durchgestrichen, und ein niedrigerer. Über all dem die Überschrift „Sonderangebote zu stark herabgesetzten Preisen". Gibt es da etwa nur Sonderangebote? Nein, denn wenn man die Preise mit denen anderer Läden vergleicht, ist es meist überhaupt nicht billiger. Das ist nämlich nur ein Reklametrick. Da wird gutes Geschirr als Billigware angepriesen, ohne billig zu sein. Also kein Laden voll Sonderangebote, sondern plumpe Reklame.

Als ich über Gefäße und Geschirre nachdachte, erinnerte ich mich daran, und das Bild scheint mir ein krasses Gegenstück zu dem, wovon ich nun sprechen möchte.

Manchmal können wir über Dinge und Geschehnisse besser nachdenken, wenn wir sie vor Augen haben oder nachfühlen können. Darum bin ich hingegangen und habe für uns Gefäße gesammelt. Nehmen Sie eines davon in den Blick oder auch in die Hände, sehen Sie es an, fühlen Sie es an, so schön oder häßlich, so ganz oder kaputt es nun einmal jetzt ist, nehmen Sie es als Ihres an, sehen Sie es wie Ihres an, fühlen Sie sich hinein.

Gefäße sind da, um etwas aufzunehmen, was man in sie hineingibt. Es gibt Gefäße für die verschiedensten Dinge, für Flüssigkeiten, feste Stoffe, Körner und Pulver, kleine und große Gefäße, kunstvolle und einfache, Ziergefäße und andere zum täglichen Gebrauch.

Der Mensch wird oft mit einem Gefäß verglichen, im Bild eines Gefäßes verstanden. Denken Sie nur an die Lauretanische Litanei mit ihren vielen Bildern für Maria und das, was sie uns bedeutet. Sie wird dort „vas spirituale" genannt, „Kelch des Geistes" oder „geistliches Gefäß". Sie wird auch als „vas insigne devotionis", als „erlesener Kelch der Hingabe" angerufen. Es gibt wunderbare Bilder in der Lauretanischen Litanei, wert, sie Bild um Bild mit Muße und Ruhe anzuschauen.

Über Benedikt berichtet Papst Gregor der Große in seinem 2. Buch der Dialoge, daß er nach durchgestandener Versuchung für viele zum Lehrmeister wurde. Dabei bezieht er sich auf Num 8,24 f, wo es heißt, daß die Leviten vom 25. Jahr an Dienst tun, aber erst vom 50. Jahr an Hüter der heiligen Gefäße sein dürfen. Gregor erklärt, die heiligen Gefäße sind die Herzen der Gläubigen.[6]

Auch die hl. Klara wird in ihrer Heiligsprechungsbulle mit einem Gefäß verglichen, einem Alabastergefäß, aus dem sich, als es zerbrach, ein wundersamer Duft ins Haus der Kirche verströmte. Leicht ließen sich weitere Beispiele finden.

Ich habe an der Tür meiner Zelle ein paar Bilder und Sätze aufgehängt, die mir wichtig sind und mich begleiten sollen. Die jetzt dort hängen, sind schon über sechs Jahre dort und noch immer nicht verbraucht. Wahrscheinlich gibt es gar nicht so viele wichtige Sätze, so viele wirkliche Hauptworte für einen einzigen Menschen. Es kann sehr sinnvoll sein, sich in ganz unterschiedlichen Situationen diesen Worten, die für einen bedeutsam wurden, zu stellen und sich von ihnen provozieren zu lassen. Zwei Worte an meiner Tür handeln vom Gefäß.

Das erste ist ein Zitat aus dem 2. Korintherbrief. Paulus hat erfahren, was da für ein seltsames Mißverhältnis besteht zwischen der Großartigkeit der Botschaft von Jesus Christus und dem Geschenk des Heiligen Geistes auf der einen und den Menschen, die daran glauben und es bezeugen, auf der anderen Seite. Er schreibt:

> „Denn Gott, der sprach: Aus Finsternis soll Licht aufleuchten! Er ist in unseren Herzen aufgeleuchtet" (2 Kor 4,6a).

Und ein wenig später – dieser Satz hängt an meiner Tür, damit ich's immer wieder sehe und verstehen lerne – sagt er:

> „Diesen Schatz tragen wir in zerbrechlichen Gefäßen, **so** wird deutlich, daß das Übermaß der Kraft von Gott und nicht von uns kommt" (2 Kor 4,7).

Diese Wahrheit scheint mir ganz wichtig zu sein: ein Schatz in zerbrechlichen Gefäßen.
Wir sind doch allesamt keine Prunkstücke, genausowenig wie diese Gefäße, die wir nun hier dabei haben. Wir sind wie diese alle schon ein wenig gebraucht. Da ist vom Brauchen, Stoßen und Anecken schon mancher äußerer Glanz hinüber und die optische Schönheit angekratzt. Eins hat eine Delle, ein anderes einen Sprung, dem dritten fehlt eine Ecke, beim nächsten ist der Lack ab und so weiter. Die alte Emailletasse oder das alte Öllicht vom Josefsaltar sind längst schon aus dem Noviziatsalter heraus und vom Leben ganz schön mitgenommen.
Und doch – wundern wir uns ruhig! – in zerbrechliche, armselige Gefäße hat Gott seinen Schatz hineingegeben. Nach menschlicher Vernunft ist das unvernünftig und viel zu riskant. Und ich habe auch den Eindruck, daß viele Men-

schen mit diesem Mißverhältnis nicht zurechtkommen und daran leiden. Aber das ist wahr, der, der den Schatz hineingelegt hat, der hat auch das Gefäß geschaffen, und er kennt beides. Wir brauchen uns deswegen nicht zu zermürben und zu sorgen.

Paulus schreibt: „So wird deutlich, daß das Übermaß der Kraft von Gott kommt und nicht von uns". Manchmal möchten wir das gern andersherum, selber glänzen, schön sein und gelten. Aber bleiben wir da uns und den andern gegenüber ehrlich. Wir brauchen uns nicht schöner darzustellen, als wir sind. Damit würden wir auch nur das Allerschönste vertuschen, daß nämlich Gott sich nicht schämt, seinen Schatz in unsere Hände – so wie sie sind – in unser Herz und unser Leben hineinzulegen. Daß er das wagt, macht uns beide, ihn und uns, groß und schön und herrlich, auch wenn unser Gefäß schon ganz abgenutzt ist und brüchig wird. Das zu wissen, macht mich oft sehr froh und mutig, für mich selbst und auch für andere.

Im Römerbrief schreibt Paulus, welchen Schatz Gott in unser Gefäß gab. Er schreibt: „Die Liebe Gottes ist ausgegossen in unsere Herzen, durch den Heiligen Geist, der uns gegeben ist" (Röm 5,5b). Ein guter Satz, besonders wenn wir ihn in seinem Zusammenhang lesen. Vorher geht es um die Hoffnung, die aus der Bedrängnis wächst. Das daran Anschließende möchte ich ganz zitieren:

> „Christus ist schon zu der Zeit, da wir noch schwach und gottlos waren, für uns gestorben. Dabei wird nur schwerlich jemand für einen Gerechten sterben, vielleicht wird er jedoch für einen guten Menschen sein Leben wagen. Gott aber hat seine Liebe zu uns darin erwiesen, daß Christus für uns gestorben ist, als wir noch Sünder waren" (Röm 5,6–8).

Ja, er hat seinen Schatz in solche Gefäße gegeben, wie auch wir es sind. Denn in diesem Absatz ist nicht nur der frühere Christenverfolger Paulus gemeint, auch wir sind diese Sünder. Ich wünschte, die Wahrheit, die darin liegt, könnte in jeder von uns eine tiefe Freude freisetzen.

Aber nun müssen wir mit dem so Erkannten weitergehen. Zwei Punkte dazu. Im 31. Kapitel der Regel schreibt der hl. Benedikt über den Cellerar: „Omnia vasa monasterii cunctamque substantiam ac si altaris vasa sacrata conspiciat", zu deutsch etwa so: alles Gerät, alle Gefäße und alle Habe, die ganze Substanz des Klosters soll er wie heiliges Altargerät behandeln.

Der Cellerar nach der Regel Benedikts soll „sicut abbas", wie ein Vater sein. Das Bild des Abtes und in diesem Sinn auch das des Cellerars hat aber vorbildlichen Charakter für alle im Kloster. Ähnlich heißt es im 1. Petrusbrief: „Dient einander als gute Verwalter der vielfältigen Gnade Gottes" (1 Petr 4,10). Das bedeutet, wenn wir es in unser Leben hinein übersetzen, eine jede soll in ihrem Lebensraum und Aufgabenbereich, bei allem Gerät und Gefäß leiblicher und seelischer Art, bei aller Habe, aller materiellen und geistigen Substanz ein guter Verwalter, ein Cellerar, sicut abbas sein und die vielfältigen Gaben Gottes wie heiliges Altargefäß hüten, denn Gott gibt sein Leben dahinein wie in heiliges Altargerät.

Die Schranke zwischen profan und sakral gilt für Benedikt hier nicht. Und wer bin ich denn, daß ich dort die Dinge des Lebens trennen und unterscheiden und auseinandernehmen dürfte, wo Gott es nicht tut, nicht will und sich nicht scheut, seinen Schatz in solcherlei zerbrechliche Gefäße zu geben. Üben wir in diesem Sinn den Verzicht. Verzichten wir darauf, die zusammengehörigen Bereiche des Lebens zu trennen, Gott ist Herr meines ganzen Lebens, er hat den ganzen Menschen gerufen, hat seinen Schatz in unser ganzes Leben gelegt, nicht nur in einen Teil des Ganzen. Wenn wir das ernstnehmen, hat das Auswirkungen auf unser Miteinanderleben, auf unseren Umgang mit allem Leben, das uns begegnet. Da wächst dann eine zärtliche Ehrfurcht vor der und dem andern. Ehrfurcht zeigt sich alltäglich konkret als Behutsamkeit, als Offenheit, Freundlichkeit und oft als anteilnehmende, mitfühlende Geduld.

Gehen wir mit allen Gefäßen, der ganzen Substanz des Klosters — und nicht nur der des Klosters — wie mit heiligen Gefäßen um. Denn die Herzen der Menschen sind heilige Gefäße.

Nun der zweite Punkt. Jedes Gefäß hat eine Öffnung, sonst könnte man ja nichts hineintun. Aber die Öffnung ist nicht nur zum Geben, sondern auch zum Nehmen. Konserven sind keine guten Gefäße für Gottes Schatz und Heiligen Geist. Denn der will weiterfließen, überfließen, will sich geben, in uns hineingeben und weitergeben aus uns heraus. Der Heilige Geist, das göttliche Leben, bleibt uns nur in dem Maß, wie wir es nicht für uns behalten wollen, der Geist bleibt nur im Fließen, im Weiterfließen.

Der Geist und alle seine göttlichen Gaben werden uns zum Dienen geschenkt, für den Aufbau des Leibes Christi. Geben wir acht, daß wir unser Herz, das Gefäß unseres Lebens, nicht mit allem möglichen Kleinkram vollstopfen. Vielleicht erfahren wir bisweilen den Heiligen Geist in unserem Leben nur deshalb so spärlich, weil wir so voll von allen möglichen kleinen Sorgen, Vorlieben und Anhänglichkeiten sind. Das kann man natürlich so machen, aber dann muß man sich auch sagen lassen: jammern gilt nicht.

Es gibt aber auch, wenn wir leere Gefäße sind, eine Gefahr, die wir sehen sollten. Jesus sagt in der Bergpredigt, wo er vom Licht der Welt spricht, Folgendes: „Man zündet auch nicht ein Licht an und stülpt ein Gefäß darüber . . ." (Mt 5,15). Seien wir um des Himmels (und der Erde) willen nie solche pervertierten, umgedrehten, umgestülpten Gefäße. Gehen wir stattdessen mit den Talenten, Gaben und Geschenken, die Gott in eine jede von uns so vielfältig hineingelegt hat, großzügig um. Gott schenkt uns all das, damit wir damit leben, miteinander leben, in dieser Welt leben, nicht damit wir den Schatz vergraben, verstecken.

Maria wird „vas spirituale" genannt, Kelch des Geistes, geistliches Gefäß. Aber das ist ein Kelch zum Trinken, nicht einer für den Schrank oder die Vitrine! Darum heißt Maria auch „vas insigne devotionis", erlesener Kelch der Hingabe. Das ist übrigens das zweite Wort an meiner Tür und ich möchte es Ihnen für die nächsten zwei Wochen wie eine gute Medizin mitgeben, – Sie kennen das: etwa dreimal täglich 20 Tropfen. Sagen Sie dieses Wort über den Tag verteilt immer wieder einmal – im Wissen um den Schatz, angesichts der Welt und ihres Lebens und im Blick auf Maria: vas insigne devotionis – ora pro nobis.

Gottes Wort

An vielen Stellen in seiner Regel verweist Benedikt ausdrücklich auf die Heilige Schrift. Die Heilige Schrift weckt uns (Prol. 8), ruft uns (7,1), verwehrt uns etwas (7,19), gebietet uns etwas (7,25), erinnert uns (7,36), mahnt uns (7,45), lehrt uns (7,57). Benedikt nennt sie ein Heilmittel (28,3), verweist den Abt, die Dekane, überhaupt den Mönch mehrfach auf ihre Gebote und Weisungen, ja die ganze Gemeinde soll unter der Führung des Evangeliums die Wege gehen, die der Herr ihr zeigt (Prol. 21). Benedikt sieht in den Heiligen Schriften des Alten und Neuen Testamentes eine gerade Richtschnur für das menschliche Leben (73,3).
Wie sehr die Heilige Schrift Benedikts Denken und Beten geprägt hat, zeigt jede Seite der Regel. Er schöpft daraus, wie aus einer unversiegbaren Quelle (vgl. Joh 7,38). Wenn Benedikt die Heilige Schrift zitiert, dann arbeitet er ohne Konkordanz, er zitiert aus dem Herzen. Es ist für mich ganz beeindruckend nachzulesen, wie er das macht, was ihm in diesem und jenem Zusammenhang z.B. wichtig scheint, an welchen Stellen er z.B. das gleiche Wort zitiert. Benedikt lebte mit der Heiligen Schrift, sie war in ihm lebendig.
Unter den 13 Texten des Vaticanum II gibt es die Dogmatische Konstitution über die göttliche Offenbarung (Verbum Dei).[7] Noch nie hatte bis dahin ein Konzil oder eine Verlautbarung des höchsten Lehramtes der katholischen Kirche so intensiv und ausführlich über das Wort Gottes und die Heilige Schrift gesprochen. Im 6. Kapitel „Die Heilige Schrift im Leben der Kirche" heißt es:

Die Kirche hat die Heilige Schrift immer verehrt wie den Herrenleib selbst, weil sie, vor allem in der heiligen Liturgie, vom Tisch des Wortes Gottes wie des Leibes Christi ohne Unterlaß das Brot des Lebens nimmt und den Gläubigen reicht. In ihnen zusammen mit der Heiligen Überlieferung sah sie immer und sieht sie die höchste Richtschnur ihres Glaubens, weil sie, von Gott eingegeben und ein für alle Male niedergeschrieben, das Wort Gottes selbst unwandelbar vermitteln und in den Worten der Propheten und der Apostel die Stimme des Heiligen Geistes vernehmen lassen. Wie die christliche Religion selbst, so muß auch jede kirchliche Verkündigung sich von der Heiligen Schrift nähren und an ihr orientieren. In den Heiligen Büchern kommt ja der Vater, der im Himmel ist, seinen Kindern in Liebe entgegen und nimmt mit ihnen das Gespräch auf. Und solche Gewalt und Kraft heißt im Worte Gottes, daß es für die Kirche Halt und Leben, für die Kinder der Kirche Glaubensstärke, Seelenspeise und reiner, unversiegelter Quell des geistlichen Lebens ist (Nr. 21).

In Nr. 25 derselben Konstitution werden die Verkünder des Wortes Gottes ermahnt: sich in beständiger heiliger Lesung und gründlichem Studium mit der Schrift zu befassen, damit keiner von ihnen zu „einem hohlen und äußerlichen Prediger des Wortes Gottes (werde), ohne dessen innerer Hörer zu sein" (Augustinus, Serm 179,1). Weiter heißt es: Ebenso ermahnt die Heilige Synode alle an Christus Glaubenden, zumal die Glieder religiöser Gemeinschaften besonders eindringlich, durch häufige Lesung der Heiligen Schrift sich das „alles übertreffende Wissen Jesu Christi" (Phil 3,8) anzueignen. Dann macht sich der Text ein Wort des hl. Hieronymus zu eigen, „die Schrift nicht kennen, heißt Christus nicht kennen". Anschließend werden wir ermuntert, an die heiligen Texte heranzutreten in der Liturgie, in frommer Lesung und mit andern geeigneten Hilfsmitteln. Auch sollen wir daran denken, daß Gebet die Lesung begleiten muß, daß es um einen Dialog geht, ein Gespräch zwischen Gott und Mensch, mit den Worten des hl. Ambrosius ausgedrückt: „Ihn reden wir an, wenn wir beten; ihn hören wir, wenn wir Gottes Weisungen lesen".

Wir leben in unserem Klosteralltag intensiv mit der Heiligen Schrift im persönlichen Lesen, Ringen und Beten, in den Horen des Stundengebetes, in der Eucharistiefeier. Tatsächlich, die meisten Worte, die wir untertags sprechen, sind die Worte der Heiligen Schrift in unseren Gebetszeiten, und das in allen Tages- und Jahreszeiten, in jeder Lebenslage und jedem Alter. Worte, die uns Gott zukommen läßt. Worte, die wir mit Christus und miteinander beten. Worte, die wir in diese unsere Weltsituation (im Großen und Kleinen) hinein beten, singen und fragen. Worte, in denen uns der Heilige Geist durch alles und allen Alltag hindurch auf Gott hin ausrichtet. Nehmen wir das wieder einmal wahr. Geben wir uns wieder einmal bewußt und neu dahinein.

Einen Anfang dazu wollen wir jetzt miteinander machen, indem wir über zwei Fragen nachdenken.

Erste Frage: Was ist mir, was bedeutet mir Gottes Wort?

Zweite Frage: Was bin ich dem Wort Gottes?
Was bedeutet mir das Wort Gottes?

Ich sagte schon, Benedikt nennt das Wort eine „gerade Richtschnur für das menschliche Leben" (73,3). Das Bild von der Richtschnur gebraucht auch das Vaticanum II, dort wird es die „höchste Richtschnur des Glaubens" genannt. Das erste also: das Wort Gottes kann als Richtschnur gesehen und erlebt werden.

Ein weiteres Bild. In Psalm 119,105 beten wir: „Dein Wort ist meinem Fuß eine Leuchte, ein Licht für meine Pfade". Das bedeutet, wenn ich meinen Weg ins Dunkel hinein suchen und gehen muß, dann hilft mir das Wort der Schrift, ein Stück weiter zu sehen und den nächsten Schritt zu wagen. Suche ich im Wort der Heiligen Schrift Licht für meinen ganz konkreten Weg? Oder welche Lichter leuchten mir?

Am Gedenktag des hl. Hieronymus betet die Kirche im Kommuniongebet mit den Worten des Propheten Jeremias: „Kamen Worte von dir, so verschlang ich sie, dein Wort war mir Glück und Herzensfreude" (Jer 15,16). Kennen wir das auch? Wann und mit welchem Wort ist das mir vielleicht einmal so ergangen? Im Psalm 119,131 heißt es: „Weit öffne ich den Mund und lechze nach deiner Weisung, denn nach ihr hab ich Verlangen". Was stillt denn meinen Hunger so, daß ich davon glücklich werde und mein Herz sich freut? Vielleicht sollten wir Gott bitten, daß er an uns das Wort erfülle, das er den Propheten Amos zu verkünden hieß: „An jenem Tag schicke ich den Hunger ins Land, nicht Hunger nach Brot, nicht Durst nach Wasser, sondern nach einem Wort des Herrn" (Am 8,11).

Noch ein ganz anderes Bild. Vielleicht geht es mir mit der Heiligen Schrift auch wie einem Hund, der auf der Jagd eine Spur gefunden hat, der mit seiner feinen Nase die Witterung aufgenommen hat und nun nicht mehr davon abläßt, ihr durch alles Gestrüpp hindurch nachjagt, unbeirrbar. Oder geht es mir mit dem Wort Gottes wie einem Vogel, der einem Lockruf folgt, der ihn vom Horizont her ruft und lockt? Fliegt er nun dorthin, ist der Ruf schon wieder am Hori-

zont und lockt ihn, und das immer weiter. Ist mir das Wort Gottes solch eine Spur, solch ein Lockruf? Oder anders herum gefragt: mit welchem Wort der Schrift ist mir das schon einmal so ergangen?
Aber vielleicht bedeutet mir das Wort Gottes eher soviel wie ein Schwert, mit dem ich kämpfen kann, mit dem ich mich, wie es in Psalm 45,4 heißt, umgürte und kämpfe. Der Verfasser des Hebräerbriefes schreibt: „Denn lebendig ist das Wort Gottes, kraftvoll und schärfer als jedes zweischneidige Schwert; es dringt durch bis zur Scheidung von Seele und Geist, von Gelenk und Mark, es richtet über die Regungen und Gedanken des Herzens" (4,12). In der Offenbarung des Johannes kommt dieses scharfe, zweischneidige Schwert aus dem Mund des Menschensohnes (1,16). Und ins Sendschreiben an die Gemeinde von Pergamon schreibt der Seher in göttlichem Auftrag die Worte: „Kehr nun um! Sonst komme ich bald und werde sie mit dem Schwert aus meinem Mund bekämpfen" (2,16). Kämpfen mit dem Wort Gottes gegen alles Dunkle und Chaotische in uns und in der Welt. Evagrius Pontikus (ca. 346–399), wohl der fruchtbarste und bedeutendste monastische Autor seiner Zeit, hat ein Werk verfaßt, das heißt „Antirrhetikon", das ist das Buch der Gegenrede. Gegen alle möglichen Versuchungen und üblen Gedanken geht er darin mit einem „Gegenwort" vor. Das ist eine gute, leicht übertragbare Methode. Wenn ich z.B. in einer Situation erlebe, wie ich nirgends mehr durchkomme, wie ich untergehe in den Dingen und Problemen, wie mir alles über dem Kopf zusammenschlägt, dann kann ich mit dem Wort der Schrift dagegensagen: „Du brachtest uns in schwere Bedrängnis, legtest auf unsere Schultern drückende Last, du ließest Menschen über unsere

Köpfe dahinfahren. Wir schritten durch Feuer und Wasser. Du aber hast uns in die Freiheit hinausgeführt" (Ps 66,11 ff). Oder wenn ein Sturm der Leidenschaft in uns tobt und uns mitreißen will: „Du machtest aus dem Sturm ein Säuseln und die Wogen des Meeres schwiegen" (vgl. Ps 107,29). Soviel zum Thema kämpfen mit dem Wort Gottes als Schwert.

Aelred von Rivaulx, ein englischer Abt aus dem 12. Jahrhndert, vergleicht in einer seiner Predigten (De oneribus) die Heilige Schrift mit dem Akker, auf dem Isaak der Rebekka begegnet. Es lohnt, diesen wunderschönen Abschnitt zu lesen:

> „Alles, was geschrieben steht, ist zu unserer Belehrung geschrieben, damit wir durch Geduld und den Trost der Schriften Hoffnung haben (Röm 15,4). Ich sage euch, Brüder, nichts Widriges kann uns zustoßen, nichts noch so Trauriges oder Bitteres auftauchen, das nicht, sobald uns die Heilige Schrift in die Arme nimmt, alsbald vergeht oder doch leichter zu tragen ist.
>
> Die Schrift ist der Acker, auf dem Isaak zur Stunde, da der Tag sich schon neigte, zum Nachsinnen hinausgeht, und wo ihm Rebekka begegnet, die ihn in seinem Schmerz über das Vorgefallene mit ihrer Zärtlichkeit tröstet (vgl. Gen 24,63–67).
>
> Mein Jesus, wie oft neigt sich der Tag zum Abend. Auf das Tageslicht eines kleinen Trostes folgt der unerträgliche Schmerz einer nächtlichen Finsternis. Oft wird mir alles zum Überdruß. Alles, was ich sehe, wird mir zur Last. Wenn einer redet, höre ich kaum hin. Wenn einer anklopft, nehme ich es kaum wahr. Mein Herz ist hart wie ein Kiesel, die Zunge klebt mir am Gaumen, meine Tränen sind ein-

getrocknet. Was soll ich dann tun? Dann gehe ich bestimmt zum Nachsinnen auf den Acker hinaus. Ich blättere in dem heiligen Buch und ritze meinen betrachtenden Gedanken ins Wachs. Da begegnet mir mit einem Mal Rebekka. Das ist deine Gnade, guter Jesus. Mit ihrem Licht zerreißt sie meine Finsternis, vertreibt meinen Überdruß, sprengt meine Härte."[8]

Noch ein letztes Bild zu diesem Themenkomplex. Ephräm der Syrer (306–373) vergleicht im 4. Jahrhundert die Worte Jesu mit den Früchten des Ackers der Heiligen Schrift. Er sagt:

> Vom Acker kommt Erntesegen, vom Weinberg schmackhafte Früchte und von der Heiligen Schrift belebende Lehre.
> Der Acker gewährt nur für eine Zeit die Ernte, und der Weinberg gewährt nur für eine Zeit die Weinlese, aber die Heilige Schrift sprudelt, sooft sie gelesen wird, belebende Lehre.
> Ist der Acker abgeerntet, so hört er auf zu tragen;
> ist der Weinberg abgeherbstet, so wird er unfähig, im gleichen Jahr nochmals Früchte zu geben;
> von der Heiligen Schrift aber kann man täglich ernten, ohne daß die Ähren in ihr für die Ausleger abnehmen, und täglich kann man in ihr Weinlese halten, ohne daß die Trauben der in ihr hinterlegten Hoffnung ausgehen. Nähern wir uns also diesem Acker und genießen wir von dem Ertrag seiner lebensspendenden Furchen!
> Ernten wir von ihren Ähren des Lebens, nämlich die Worte unseres Herrn Jesus Christus![9]

Soviele Bilder! Was ist mir das Wort Gottes? Was bedeutet es mir heute? Welches Bild lockt mich am meisten, trägt meine Sehnsucht am weitesten mit sich fort?

Was bin ich dem Wort Gottes?
Die zweite Frage läßt uns das gleiche Thema nur von einer andern Stelle her ansehen. Was bin ich dem Wort Gottes? Gehöre ich denn zu den Menschen, von denen Jesus sagt: „Selig, die das Wort Gottes hören und es befolgen" (Lk 11,28)? Bin ich ein Hörer? Bewahre ich das Gehörte im Tun, wenigstens ansatzweise? Bin ich ein Echo für das ganz besondere Wort, das Gott in mein Leben hineingesprochen hat, mit dem er gerade mich gerufen hat?
Ich stehe vielleicht an der Quelle, aber bin ich auch eine, die davon trinkt? Trinke ich denn durstig das Wort meines Gottes?

Oder im Bild des Erdreiches: Was für ein Erdreich bin ich dem Samen des Gotteswortes (vgl. Lk 8,4—8. 11—15)? Bin ich ein Weg, wo, wer gerade des Weges daherkommt, den Samen zertritt und wo die Vögel des Himmels wie unsere flüchtigen Gedanken es auffressen? Oder bin ich ein Fels, in den es gar nicht tief genug eindringen kann, um Wurzeln zu schlagen? Wo bei der nächsten Sonnenglut, der nächsten Erprobung schon alles verdorrt? Oder bin ich ein dorniges Land, wo das Wort zwar Wurzeln schlagen kann, aber kaum, daß es ein wenig wächst, wird es erstickt von den Dornen? Die Dornen, das sind die vielerlei Sorgen, die wir uns machen, das sind der Reichtum und die vordergründigen Genüsse des Lebens, mit denen sich einer so schnell vollstopfen kann, so daß nichts anderes mehr Raum findet, um zu leben und zu reifen und Frucht zu bringen. Oder bin ich ein guter Boden, ein Mensch, der das Wort Gottes mit aufrichtigem Herzen anhört, sich daran festhält und in Ausdauer Frucht bringt? Gottes Wort will ja in uns Frucht bringen, denken wir nur nicht zu klein und harmlos davon. Wenn wir nur nicht alles Erdreich unseres Lebens betonieren und asphaltieren, dann gilt auch über uns das Wort, das beim Propheten Jesaja aufgeschrieben ist:

> „Denn wie Regen und Schnee vom Himmel fallen und nicht dorthin zurückkehren, ohne die Erde zu tränken, daß sie keime und sprosse, dem Sämann Samen gebe und dem Essenden Brot, so ist es auch mit dem Wort, das aus meinem Mund hervorgeht: es kehrt nicht leer zu mir zurück, ohne vollbracht zu haben, wozu ich es sandte" (Jes 55,10 f).

Bleibt noch das Problem der Übersetzung. Das II. Vaticanum spricht eindringlich davon. Der heilige Hieronymus hat zu seinen Lebzeiten die ganze Heilige Schrift übersetzt. Das ist wohl nicht unsere Aufgabe hier. Aber ich meine, auch eine jede von uns sollte den Teil der Heiligen Schrift, die Perikope, das Wort, mit dem Gott gerade ihr Herz traf, übersetzen ins lebendige Leben hinein. Übersetzen wir unser Wort. Jede ihres, damit in diesem Sinn auch in unserem Leben sichtbar wird: das Wort ist Fleisch geworden und hat unter uns gewohnt. Seien wir leibhaftige Übersetzungen in unsere Zeit hinein mit all ihrem Fragen und Suchen. Das ist unser schuldiger Dienst für die andern und es wird auch unser eigenes Glück ausmachen.

Eingereiht werden

Ich freue mich über das, was wir heute miteinander tun. Im Namen der Gemeinschaft darf ich Sie ins Noviziat aufnehmen und Ihnen den Ordenshabit geben, und Sie werden ihn nehmen und anziehen und tragen, bis er hoffentlich ganz abgetragen ist.

Ein paar Gedanken möchte ich Ihnen auf den Weg mitgeben. Wenn wir Ihnen den Habit geben, dann nehmen wir Sie auf in die Reihe der Schwestern. Wir reihen Sie, N.N. aus E. mit der Lebensgeschichte, die schon zu Ihnen gehört, so jung und lebendig wie Sie sind, ein. Zunächst in die Reihe der Schwestern unseres Klosters hier in Köln-Raderberg. Dann auch in die Reihe der Nonnen, die vor über 1000 Jahren hier in Köln begann. Dann in die Reihe christlicher Mönche und Nonnen, die – je einzeln – dem Ruf Christi in ihrem Leben folgen wollten und dabei eine große Kette gebildet haben, in der der Schatz des Glaubens und viel geistliche Erfahrung weitergegeben wurde bis in unsere Hände. Stellen Sie sich, so hellwach Sie vermögen, hinein in diese Reihen, ganz konkret alltäglich, aber auch in den ganzen großen Zusammenhang.

Was bedeutet das nun: „eingereiht" sein? Wenn ich mich einreihen lasse, weiß ich, hinter mir war schon viel, vor mir liegt noch einiges, ich bin nicht der geniale Anfang, bin nicht das großartige Finale, ich stehe nicht allein, rage nicht aus allem heraus, ich bin wie ein Glied in einer sehr bunten Kette von Menschen. Viel liegt daran, ob und wie ich meinen Platz in dieser Generationsfolge nehme, wie ich meinen Dienst darin erfülle, wie ich die Botschaft, den Geist Jesu Christi, weitertrage und weitergebe. Dazu ist es nötig, als eigenständige Person ganz ehrlich den eigenen Reifungsweg zu gehen, den Gott durch die Geschehnisse des Alltags hindurch führt. Eigenständig, auch wenn Sie sich ab heute nicht mehr so verschieden kleiden wie vorher, wenn Sie, objektiv gesehen nicht mehr soviel eigene Frisur zeigen werden. Zwischen „Eingereihtsein" und „eigenständig Person sein" gibt es manchmal Spannungen, aber keinen Widerspruch. Die Spannung, die wir demütig und mutig austragen, dient dem Leben und dient also auch der Gemeinschaft.

Stellen Sie sich also in die Reihe, üben Sie sich hinein und bringen Sie alle Gaben mit, die Gott Ihnen schenkte oder noch schenken will, Ihre Stärken und Schwächen. Halten Sie, soweit Sie sehen, nichts da heraus.

Es gibt eine Szene im Leben Jesu, die ich Ihnen in diesem Zusammenhang zeigen möchte. Jesus reiht sich ein in die Kette der Menschen, die sich am Jordan von Johannes taufen lassen, taufen lassen zur Umkehr und Buße. Jesus hatte das nicht nötig, aber für uns ist es ein Glück, daß er das tat. Vor ihm Sünder, hinter ihm Sünder, er reiht sich ein. Warum wohl?

Es ist doch merkwürdig, daß das öffentliche Wirken Jesu, des Erlösers aller Welt, Anfang, Mitte und Ziel allen Lebens, damit begann, daß er sich in die Reihe stellte (wir würden das vielleicht eher umgekehrt denken).

Jesus steigt noch weiter hinunter, steigt ins Wasser, taucht unter, wird von Johannes getauft. Die ostkirchliche Tradition hat Wunderbares und Tiefes dazu gesagt. Jesus, die Quelle des Lebens, das lebendige Wasser, steigt ins kranke Wasser der Erde und heilt und heiligt die Schöpfung von der Wurzel her. Das will ich nun nicht ausdeuten, bleiben wir hier beim vorherigen Gedanken. Es ist nicht einerlei, wie man beginnt. In einem Musikstück kommt ziemlich zuerst das Thema.

Entdecken wir also das Thema.
Im Philipperbrief heißt es von Jesus, er hielt nicht daran fest, Gott gleich zu sein, sondern entäußerte sich selbst und nahm die arme Gestalt eines Menschen an (Phil 2,6). Im Matthäusevangelium gibt es einen Stammbaum Jesu, der u.a. auch dies bedeutet, Jesus steht in einer Kette von Menschen, Generationen (Mt 1,1–17). – Die m.E. so wichtige Szene der Taufe nannte ich schon. – Und schließlich wird Jesus zwischen zwei anderen Menschen gekreuzigt. Und doch ist er der ganz und gar Einmalige ... Lernen Sie von der Demut Gottes.
Dostojewski läßt in einem seiner Bücher einen Starez sagen:

> „Vor gar manchen Gedanken bleibt man im Zweifel stehen, besonders wenn man die Sünden der Menschen sieht, und man fragt sich: Soll man es mit Gewalt anfassen oder mit demütiger Liebe? Entscheide dich immer für die demütige Liebe! Wenn du dich allemal dazu entschlossen hast, so wirst du die ganze Welt bezwingen. Die demütige Liebe ist eine furchtbare Kraft; sie ist die allergrößte Kraft und ihresgleichen gibt es nicht".[10]

Soweit Dostojewski.

Lernen Sie von der Demut Gottes.
Zur Demut gehört übrigens mehr Mut als zum Stolz. Es gehört mehr Mut dazu, der eigenen Wahrheit und Armut ins Angesicht zu schauen, sie anzuerkennen, als sie zu vertuschen.
Vor ein paar Tagen las ich die Themen einer Predigtreihe über Edith Stein an den Fastensonntagen. Für den 5. Fastensonntag heißt es: „Edith Stein: die Liebende – Wer liebt, stellt sich mit anderen in eine Reihe".

Gott ist demütig. Gott liebt demütig. Wir müssen allesamt noch erst demütig werden. Wenn wir das Leben zu- und an uns heranlassen, wird diese Demut wachsen. Gott und die Welt, sie werden uns läutern. Das braucht Sie aber nicht bange zu machen, bestimmt nicht, das weiß ich schon.

Lernen Sie von der Demut Gottes. Und zeigen Sie uns, die wir miteinander in der Reihe stehen, zeigen Sie allen Menschen, für die Gott Sie in diesen Dienst genommen hat, was das meint, wie gut das dem Menschen und der Schöpfung tut, wie das heil machen kann.

Wir sind füreinander Boten Gottes. Keine trägt und bezeugt die ganze Fülle der Botschaft, den ganzen Reichtum Gottes. Wenn jede nur ihren Teil nimmt und lebt und einbringt ins Ganze, so ist es gut.

Liebe N., lassen Sie sich also hineinnehmen in die Reihe der Schwestern, werden Sie eine. So wie Sie dieses Kleid anziehen, so soll Christus Ihr Gewand sein, Ihr Habit, Ihre tiefste, eigentlichste Wohnung mitten in unserem Kloster und in der Gemeinschaft, in unserer Stadt, in unserer Zeit und Welt.

Mit allen Kräften

Im 58. Kapitel seiner Regel, das von der Aufnahme neuer Brüder in die Klostergemeinde handelt, schreibt Benedikt: „Man achte darauf, ob er (der neue Bruder) wahrhaft Gott sucht" (RB 58,7). Das ist das Allerwichtigste, darauf kommt es zu allermeist an, Gott zu suchen mit ganzem Herzen, ganzem Verstand, ganzer Kraft. Zahllose Mönche und Nonnen haben darauf ihr Leben gesetzt. Und nicht nur sie, denn „alle suchen dich" (Mk 1,37), sagen Simon und seine Begleiter zu Jesus. Und das ist noch viel wahrer, als die Jünger damals sagen wollten. Überall ist die ganze Schöpfung auf Gott hin, suchen alle Menschen Gott, was immer sie auch zu suchen meinen: Speise und Trank, Reichtum, Schönheit, Geborgenheit, Lust und jegliche Fülle. Was uns in den Dingen der Welt fasziniert, ist der Widerschein Gottes aus ihnen, die Spur der göttlichen Berührung, die allem Lebendigen innewohnt. Alles will unsere Sehnsucht nach Gott wecken, stattdessen bleiben wir oft im Vordergrund der Dinge stecken, weil wir nicht wagen, weit genug zu gehen. Das ist, wie wenn man eine schöne Aussicht auf eine Wanderung schon für das Ziel hält, dabei soll sie uns nur weiterlocken. „Alle suchen dich". Aber oft tun sie das auf eine falsche Weise, viel zu kurzsichtig. Und die Kraft, die uns zum Finden Gottes gegeben ist, verpulvert dabei für nichts.

Darum sagen Mönche und Nonnen sich selbst, einander und allen andern ganz bewußt, daß sie Gott suchen wollen mit ihrem ganzen Herzen, allem Verstand und allen Kräften. Manchmal müssen wir uns auch daran erinnern. So ist uns vom hl. Bernhard überliefert, daß er sich gefragt hat: „Bernhard, wozu bist du gekommen?" Ich kenne einige Leute, die haben diesen oder so einen ähnlichen Satz über der Türklinke ihres Zimmers hängen, um sich daran zu erinnern, bevor sie hinausgehen in die vielerlei Dinge des Lebens.

Nun, ich denke, grundsätzlich werden wir auf diese Frage die Antwort geben können: um Gott zu suchen und zu finden. Aber oft suchen wir ihn im Konkreten doch nicht mit ganzem Herzen, allem Verstand und allen Kräften. Das kann sehr schlimm sein.

Man kann ja ganze Bereiche seines Lebens da heraushalten. Oft sind das dann gerade die, die die Gotteserfahrung besonders nötig haben, die am meisten nach Erlösung schreien, die besonders der Heilung bedürfen.

Wir machen es vielleicht wie die Leute von Jericho, die dem blinden Bettler Bartimäus, der da am Wegrand sitzt und aus seiner Sehnsucht und Bedürftigkeit heraus nach Jesus schreit, den Mund verbieten wollen, weil sie finden, daß er nur störe. Aber gerade den ruft und heilt Jesus (Mk 10,46–52).

Oder wir machen es vielleicht wie die Jünger, als die Frauen kommen und ihre Kinder von Jesus segnen lassen wollen. Sie geben sich alle Mühe, sie nicht zu Jesus hinzulassen, die Kinder, die Kleinen, das Kleine, den Kleinkram. Aber Jesus weist sie zurecht, Jesus legt den Kindern die Hände auf und segnet sie (Lk 18,15 ff).

So gehen wir manchmal mit den Kindern und Blinden in uns und auch in unserer Umgebung um, wir wollen sie nicht an Gott heranlassen, weil sie klein scheinen, anders sind und vielleicht unkonventionell und seltsam angezogen am Weg sitzen und schreien.

Aber selbst der Besessene von Gerasa (Mk 5,1–20; Lk 8,26–39), der da nackt in den Grabhöhlen haust, den man umsonst versuchte, mit Ketten zu fesseln und zu bändigen, der alle Ketten sprengt und den es immer hin- und hertreibt, selbst der rennt, auch wenn er dabei schreit und tobt und schimpft, auf Jesus zu, damit er ihn erlöse. Das ist den Leuten dort sehr unheimlich. Das wäre auch heute nicht viel anders. Das ist schon schlimm.

Jesus sagt nämlich ganz klar, er sei gekommen, die Sünder zu berufen, nicht die Gerechten (Mt 9,13), zu retten, was verloren ist (Mt 18,11). Er sagt, nicht die Gesunden brauchen den Arzt, sondern die Kranken (Lk 5,31). Wir verstehen das noch immer nicht weit genug.

Jesus ist vom Himmel herabgestiegen, um unser Leben zu teilen und uns zu erlösen. Er will, daß wir verstehen. Auch wurde er nicht im vornehmen Stadtviertel geboren, sondern in einer Höhle, im Stall. Dann stieg er noch tiefer hinab, bis zum Kreuz, bis zum Tod, bis ins Grab, damit wir endlich verstünden, wie sehr wir erlöst sind im Grunde. Wie verkehrt wir oft von Gott denken! Der vom Himmel herabstieg, der bis in den Tod ging, dem sollte der Weg zu unserm Kranken und Sündigen zu weit, ja unmöglich sein? Was denken wir denn von Gott? Was glauben wir denn? Da sperren wir manchmal das aus, was wie geschaffen ist für die Gottesbegegnung, den Teil unseres Wesens, den Gott nach Jesu Worten am meisten sucht. Denn das ist wahr, Gott sucht uns mit ganzem Herzen und ganzer Kraft (er kann gar nicht anders suchen), er liebt uns sehr.

Nehmen wir das doch an. Wir brauchen nicht als vermeintliche Sieger und Gerechte Gott zu finden. Die Kraft unserer Sehnsucht, die liegt anderswo in uns. Sperren wir in uns und in denen, die uns begegnen, mit denen wir leben, doch nichts aus, suchen wir mit allen Kräften. Suchen und Sehnen, das sind oft unsere Variationen der

Liebe. Sie lehren uns ehrfürchtig und demütig und gern zu begegnen.

Manchmal klopft Gott an unser Leben wie an ein Haus, um uns ganz mit sich zu erfüllen und reich zu beschenken. Aber wir lassen ihn vielleicht nur in die gute Stube, wie einen Fremden. Das ist unser Unglück. Lassen wir ihn überall hin mit seinem Leben, bis ins innerste Gemach.

Manchmal gehen wir zur Kirche und lassen nur unsern vermeintlich frommen und gut angezogenen Teil zur Tür hinein, das, was wir kurzsichtig für religiös halten. Hund, Wolf, Löwe und Räuber verweigern wir den Zutritt. Aber gerade sie suchen Gott. Und Gott sucht sie. Bringen wir alles mit, unser ganzes Leben. Lassen wir Gott Gott in allem sein. Bitten wir ihn, alles zu berühren, alles anzunehmen. Hindern wir ihn nicht.

Verschwenden wir nicht länger nutzlos die Kräfte, die geschaffen sind, um Gott zu begegnen, indem wir sie verstecken. Das Ärgste im Paradies war vielleicht nicht das Essen von der verbotenen Frucht und die Erkenntnis der eigenen Nacktheit. Das Ärgste war das Sich-Verstecken im Gestrüpp, als Gott in den Garten kam, um mit dem Menschen zu sein.

Manchmal benehmen sich die Menschen im eigenen Wesen in seiner Vielfalt wie auch in ihrer Umgebung wie die falsche Mutter im Märchen vom Aschenputtel. Als die Boten des Königs kommen und nach der unerkannten Prinzessin, der großen Liebe des Königs, suchen, holt sie eifrig die beiden Töchter herbei, die sie herausgeputzt hat, aus denen sie immer etwas machen will für die Familie: königliche Prinzessinnen. Aber das sind nicht die Gesuchten (obwohl auch sie später zur königlichen Familie gehören werden). Erst ganz zuletzt, als nichts mehr hilft, findet sie sich auf das Drängen der Boten bereit und holt das Aschenputtel, das ihr für die niedrigste Arbeit gerade gut genug ist. Und dies Aschenputtel ist die große Liebe des Königs. Gerade durch das Aschenputtel will er in die ganze Familie hereinheiraten. So geht das manchmal.

Benedikt sagt in seiner Regel im Zusammenhang mit dem Verkauf von Erzeugnissen des Klosters: „Gott soll in allem verherrlicht werden" (RB 57,9). Das gilt nicht nur für den Verkauf. Das gilt überall, für alle Bereiche des Lebens.

Wenn wir Gott aus ganzem Herzen, mit allem Verstand und allen Kräften des Lebens suchen in den Situationen, in die wir hineingeraten, dann wird Gott in allem und mit allem verherrlicht werden.

Ob wir stehen, sitzen oder liegen, arbeiten oder spielen, reden, schweigen oder singen, miteinander in eine Richtung gehen oder miteinander um eine Frage ringen, in den Tagen und Nächten und allen Grauzonen des Lebens soll Gott unser Gott sein. Und wer wie Bartimäus am Wegrand sitzt und schreit, soll schreien, wenn es so ist, wenn er es nur auf Gott hin schreit und bereit ist, ihn an sich heranzulassen.

Wer weiß denn schon so genau, wie und auf welchem Weg und durch welche Tür der König zur Hochzeit kommt, zur Vermählung, zum Fest der Erlösung?

Lebenserwartung

In einer Antiphon des 3. Adventssonntags singen wir „expectantes beatam spem et adventum Domini" — „erwartend (in glücklicher Hoffnung) die Ankunft des Herrn" (Monast. Brevier).
Advent heißt Ankunft. Advent bedeutet immerzu auf der Schwelle zu stehen zwischen Warten und Ankunft, so hellwach wie nur möglich. Advent hat auch mit Abenteuer — englisch: adventure — zu tun, denn in all dem Leben den ankommenden Herrn zu erwarten, das ist schon ein rechtes Abenteuer.
Warten. Erwartung. Im Deutschen haben wir das Wort von der „Lebenserwartung". Ich habe mal im Wörterbuch nachgeschlagen, dort steht dazu bloß und reichlich lapidar: „durchschnittliches Lebensalter". Demnach haben wir heutzutage und hierzulande eine Lebenserwartung, die über 70 Jahre liegt, bei Frauen etwas höher als bei Männern. Anderswo ist sie niedriger. Früher, im Mittelalter z.B., lag sie auch in unserer Gegend um Jahrzehnte niedriger.
Aber es ist zu simpel, Lebenserwartung mit Lebensalter gleichzusetzen und dann auch noch mit „höher" und „niedrieger" zu werten. Denn für die Jugendlichen beispielsweise, die sich unter dem Schlagwort „no future" — „keine Zukunft" getroffen haben, muß das ja ein Hohn, eine elend lange Strafe sein. Und wer sich in der „Null-Bock-Mentalität" — der keine-Lust-zu-nichts-Mentalität heimisch fühlt, der muß ja erst einen weiten und mühsamen Weg gehen, bis er sich traut, überhaupt etwas vom Leben und sich zu erwarten, bis die Quelle der Lebensbejahung wieder freigelegt ist und fließen kann. Lebenserwartung, ob höher oder niedriger, ist in Quantität nicht zu wiegen. Und doch ist die jeweilige

Lebenserwartung ganz wesentlich und entscheidend für ein Leben.

Fragen wir uns einmal, welche Lebenserwartung habe ich denn? Was erwarte ich denn mit meinem ganzen Leben? Ja, worauf warte ich denn noch? Worauf habe ich heute gewartet? Wohin geht meine Sehnsucht? Wohin zielt der Pfeil meines Sehnens?

Die Sehnsucht gehört zu den kostbarsten Kräften in uns. Die große Sehnsucht, nicht die große Erfüllung, ist auch ein Kennzeichen des Mönchs, der Nonne in dieser Welt. Ohne große Sehnsucht, die über alles hinausgeht, was wir kennen, lohnte es sich auch nicht, als Nonne zu leben. Die Sehnsucht in dieser Tiefenschicht unseres Lebens ist der Ort des Heiligen Geistes schlechthin. Benedikt spricht davon im 49. Kapitel der Regel (die Beobachtung der Fastenzeit). Er sagt, der Mönch soll in Freude und Sehnsucht des Geistes (cum spiritalis desiderii gaudio) Ostern entgegenwarten. Zuvor sagt er, daß ja eigentlich das ganze monastische Leben eine Fastenzeit sein sollte, eine Wartezeit, eine Zeit der Sehnsucht. Ich übersetze das in unseren Zusammenhang: Sehnsucht und Warten sind Orte des Heiligen Geistes. Sehnsucht und Warten sind die beiden Füße, auf denen wir den Weg zur Reinheit des Herzens gehen, den Weg, auf dem Gott zu uns kommt.

Noch einmal, wohin zielt unser Sehnen und Warten. Unser Weg ist immer vom Ziel bestimmt, auf das wir zugehen. Worauf warten wir noch? Ich habe keinen Begriff dafür. Sehne ich mich also ins Leere? Warte ich auf nichts? Nein, nein, wo eine solche Kraft der Sehnsucht ist, da ist auch eine Anziehung! Aber all die vielen kleinen anziehenden Gegebenheiten sollen uns nicht abbringen und aufhalten von der großen Anziehung Gottes, sie sollen uns höchstens auf die

Spur locken. Der Geist treibt uns im Innersten unseres Wesens, Christus zieht uns auf den Weg zum Vater, in diese totale Bezogenheit und Hingabe. Im Ziel wird alles zusammenkommen, was immer schon zusammengehört.

Was erwarten wir? Was erwarten Sie? Erwarten Sie nicht zu wenig, sonst wird wenig Sie erfüllen. Löschen Sie nicht das Feuer oder die Glut der Armut, Bedürftigkeit und Sehnsucht mit allzuschnellen und viel zu billigen Erfüllungen. Auf Weihnachtspakete zu warten ist viel zu wenig! Freuen wir uns an allem, was uns Schönes begegnet, aber sehnen wir uns über alles hinaus, lassen wir uns nicht fesseln von den Dingen. Wer satt ist von den Dingen, sehnt sich nicht weit genug. Im Psalm 119 ruft der Beter „Meine Augen sehnen sich nach deiner Verheißung."

Gottes Verheißung ist für jede von uns ein wenig anders, Gottes Verheißung ist je einmalig. Liebe ist immer einzig. Was soll ich sagen, was sie sei? Ich meine, das eine ist sie immer: sie ist größer.

In den islamischen Ländern ruft der Vorbeter dreimal täglich vom Turm der Moschee: „Gott ist größer!"

Ja, Gott ist größer und seine Verheißung ist ihm gemäß. Im Tagesgebet des 20. Sonntags im Jahreskreis beten wir genau darum: „Gib uns ein Herz, das dich in allem und über alles liebt, damit wir den Reichtum deiner Verheißung erlangen, der alles übersteigt, was wir ersehnen."

Als Sr. Thekla kurz vor ihrem 80. Geburtstag stand, kam ein Reporter von der Zeitung für ein Interview. Er fragte, wie das so üblich ist, nach mehreren Stationen auf ihrem Lebensweg. Zuletzt fragte er, das klingt mir heute noch im Ohr: „Und was erwarten Sie nun noch vom Leben, Sr. Thekla?" Er meinte, jetzt käme irgendetwas wie: Gesundheit, noch ein paar Jahre, kein langes

Siechtum oder so. Aber Sr. Thekla blitzte ihn an aus ihren so lebendigen, klarsehenden Augen und lachte: „den ganzen Himmel".

Wagen wir mutig die große Sehnsucht, tragen wir sie durch; halten wir in unserer oft so ungeduldigen Zeit, in unserm oft so ungeduldigen Herzen das Warten aus. Üben wir das Warten. Legen wir immer wieder alles beiseite, was das hindert, was sich im Lauf der Zeit so ansammelt, was den Kanal der Sehnsucht verstopft.

Warten heißt auch − nicht an erster Stelle, aber auch − Zeugnis geben von der Erfüllung, auch wenn sie noch aussteht. Wenn in einer Gruppe Menschen, die beisammenstehen, einer ist, der ganz wach und voll Erwartung in eine Richtung schaut, kann man sicher sein, irgendwann werden alle auch den Blick dorthin wenden (Warten kann anstecken.) Das ist auch unser Dienst hier in der Stadt bei den vielen verschiedenen Menschen: wir leben mittendrin und warten darüberhinaus und singen miteinander das Lied der Sehnsucht, die keine von uns allein durchtragen könnte − flüstern wir der Welt die große Lebenserwartung ins Ohr.

Barmherziger Gott, was kein Auge geschaut und was kein Ohr gehört hat, das hast du denen bereitet, die dich lieben. Gib uns ein Herz, das dich in allem und über alles liebt, damit wir den Reichtum deiner Verheißung erlangen, der alles übersteigt, was wir ersehnen. Darum bitten wir durch Christus unsern Herrn. Amen.

Das Geschenk auspacken

Jedes Jahr machen wir Menschen einander viele Geschenke, zu Geburts- und Namenstagen, zu Jubiläen und bestandenen Prüfungen, zu Hochzeitstagen oder auch einfach, um jemandem zu sagen, wie schön und gut er für uns ist.
Ganz besonders aber ist die Weihnachtszeit eine Zeit des Schenkens.
Oft gehen wir dann hin, suchen liebevoll etwas aus, packen es in eine Schachtel, schlagen es in Papier ein – einfarbig oder auch bunt mit den verschiedensten Motiven bedruckt – und binden es mit schönen Bändern zu. Wer dieses Geschenk erhält, spürt unsere Zuwendung und Aufmerksamkeit schon in der Verpackung. Und voll Erwartung geht er dann hin und packt es wieder aus, löst Schleife und Knoten, schlägt das bunte Papier fort, öffnet die Schachtel und nimmt sein Geschenk an sich.
Wer das Geschenk will, muß die Verpackung weglegen, so schön sie für sich gesehen auch sein mag. Und wie enttäuscht wäre ein Schenkender, wenn man seine Gabe im Karton stehen ließe.
Manchmal ist das Auspacken nicht ganz einfach. Manchmal lassen sich die Knoten nur mühsam lösen. Manchmal irritiert die bunte Vielfalt der aufgedruckten Motive, die auf dem herumgewickelten Papier sind. Manchmal staunt man sehr beim Auspacken.
Und oft ist das Äußere, was ins Auge fiel, nur Verpackung gewesen, in der das Eigentliche, das Wesentliche verborgen lag, wie auch zum Beispiel ein Same im Kern oder das lebendige Leben unter der Schale der Ereignisse.
Was Gott uns schenkt, ist das Allerschönste. In all unser Tun und Mühen mit den so bunten, vielfältigen Motiven, aber auch in unsere Armut und

Leere, die so oft wie eine leere Schachtel anmuten, schenkt er seinen geliebten Sohn, der für uns Mensch geworden ist und mit uns leben will. Jesus wurde nicht Mensch, weil er uns so nötig hatte, sondern weil wir ihn brauchen, und weil Gott uns so sehr liebt.

Nehmen wir dieses Geschenk dankbar an, packen wir es aus aller Verpackung aus (ohne uns von Knoten oder Papier irritieren zu lassen), jedes Jahr, besser noch jeden Tag. Freuen wir uns daran und leben wir aus dem uns Geschenkten.

Jahreswechsel — Versöhnung

In den vielen Kulturen unserer Erde gab und gibt es verschiedene Auffassungen von Welt und Geschichte. Manche, wie z.B. die alten Griechen haben ein zyklisches Geschichtsverständnis, alles ist ein großer Kreislauf, alles kommt wieder, keiner kann aus diesem schicksalhaften Kreis aussteigen. Die Israeliten dagegen haben ein mehr lineares Geschichtsverständnis, ihr Gott wirkt in ihrer Geschichte ganz progressiv in des Wortes ursprünglicher Bedeutung, er führt sie durch alle Geschehnisse hindurch . . . aus Ägypten, durch die Wüste, ins Gelobte Land . . . immer weiter. Und dieser Geschichtsverlauf ist nicht von vornherein schon festgelegt, sondern wird vom Menschen mitbestimmt, der in irgendeiner Weise auf Gottes Führung reagiert.

Wir sprechen vom Jahreskreis, leben im immer wiederkehrenden Wandel von Tag und Nacht und Jahreszeiten. Ich meine, das ist aber ganz und gar kein geschlossener Kreislauf, sondern eher der Pulsschlag der Welt, nach dessen Maß sie sich weiterbewegt, ist eher ein Rhythmus, zu dem eine je einzigartige Musik erklingt mit ganz vielen Stimmen.

Der Jahreswechsel ist wie eine Zäsur, ein Punkt in dieser Bewegung, an dem wir gemeinsam innehalten, bei uns geprägt in der Form des Friedenskapitels.

Für mich persönlich war das vergangene Jahr ein sehr wichtiges Jahr, Gottes Wirken war ganz spürbar, oft überraschend und ganz anders, als ich es dachte. Jede von Ihnen kann das und auch das Folgende in ihr eigenes Leben übersetzen, für jede war es anders.

Ich danke dir Gott, daß du diesen Weg mit mir gegangen bist, ich danke dir für deine Geduld, die du mit mir hattest, wenn ich wieder einmal so schwer von Begriff war und anderes wollte als du. Nun sage ich es neu, ich will, daß dein Wille in meinem Leben ganz zum Zuge kommt. Ich bin einverstanden mit dem, was war und bereit (wenigstens grundsätzlich, auch wenn ich das Buchstabieren deines Willens sicher immer wieder neu lernen muß) für das, was im kommenden Jahr auf mich zukommt. Ich will es wie aus deinen Händen annehmen ...

Ich habe im vergangenen Jahr auch manche Wunde davongetragen, verursacht durch die Umstände, durch Mißverständnisse, durch Reibereien (Schürfwunden schmerzen oft besonders arg, obwohl sie nicht gefährlich sind), durch andere Menschen. Ich brauche nicht zu tun, als ob all das nichts und nicht schlimm gewesen wäre für mich. Aber ich will es nun annehmen, mit einem in Gott versöhnten Herzen. Und gleich, wenn wir einander die PAX geben, den Friedensgruß, will ich versuchen, all das mit zu umarmen. Und ich bitte Sie, daß auch Sie das versuchen.

Auch ich selbst bin im vergangenen Jahr schuldig geworden, habe den Aufgaben und Menschen längst nicht immer genügt und gedient, habe den Menschen verwundet, für den Christus vom Himmel herabgestiegen ist, Mensch wurde bis zum Tod am Kreuz. Es ist ja gut und ernüchternd, sich dieser Wahrheit zu stellen. Aber was machen wir nun weiter damit? Wohin damit?

Ich schenke all das dem Kind in der Krippe. Die Weisen brachten ihre Gaben, die Hirten Schafe, Wolle und vermutlich Ziegenkäse, ich bringe auch das, was ich habe, ganz und gar, nicht nur das Feine und Ausgesuchte, das man einem Fremden schenkt. Neben die Freude und das Singen leg ich mein Versagen und Ungenügen vor der Krippe ab und verschenke sie. Denn, um mir

dazu Mut zu machen, ist Gott ein so kleiner und armer Mensch geworden. Das Dunkel, das eine jede von uns in sich trägt, kann man nur dort verschenken, wo man liebt und geliebt wird. Das eigene Dunkel zu verschenken – (was weggegeben ist, muß dann aber auch weggegeben sein, mal für mal) ist das größte Geschenk. Gott liebt auch die Finsternis, die ich an ihn verschenke. Vielleicht, wenn er will, wird er sie sogar heilen. Aber das ist seine Sache. Er darf damit machen, was er will. Ich hab es verschenkt.
Jedenfalls, was ich verschenke, das wird verwandelt. Nur das Verschenkte wird verwandelt. Nur das, was einer darbringt, wird verwandelt, nie das, was einer zurückhält. Das ist so mit jedem Samenkorn, das ist so jeden Tag in jedem Leben, das ist so in jeder Eucharistiefeier. In diesem Sinn möchte ich Sie bitten, Ihr Leben zu verschenken, ganz großzügig, Helles und Dunkles, Fragen und Einsichten, Glück und Verzweiflung, Tage und Nächte, alles und jedes. Gott sehnt sich nach unserm Geschenk, nicht nach einem besonders feinen, sondern gerade nach unserm, nach Ihrem, nach ausgerechnet meinem. Schenken wir das, es wird unser Glück ausmachen und dem Leben der Welt dienen.

Das ist die Umkehr, zu der Gott uns heute ruft.
Prüfen wir unser Gewissen.
Erneuern wir unsere Bereitschaft.

Anmerkungen

[1] M. u. D. Linn, Beschädigtes Leben heilen. Was Gebet und Gemeinschaft helfen können. Graz 1984/3, S. 171

[2] Wladimir Lindenberg, Die Menschheit betet. München/Basel 1966

[3] vgl. Jörg Zink, Wie wir beten können. Stuttgart/Berlin 1975/7, S. 183

[4] E. Jungclaussen/C. Pastro. Benedictus. Eine Bildbiographie. Nach dem 2. Buch der Dialoge Gregors des Großen. Regensburg 1980, S. 60

[5] vgl. Catherine de Bar, Du hast Menschen an meinen Weg gestellt. Münsterschwarzach 1986

[6] E. Jungclaussen/C. Pastro, a.a.O., S. 46

[7] Rahner/Vorgrimmler (Hg), Kleines Konzilskompendium, Verbum Dei, Freiburg 1967/2, S. 21 ff

[8] Aelred von Rivaulx, De oneribus 27, zitiert nach: Ein Lied, das nur die Liebe lehrt. Texte der frühen Zisterzienser. Ausgewählt, übersetzt und eingeleitet von Bernardin Schellenberger, Freiburg 1981, S. 74 f

[9] Ephräm der Syrer, zitiert nach: Vom Geheimnis leben. Die „Ich-bin-Worte" Jesu aus dem Johannesevangelium. Erläutert von Felix Porsch, Hg. Rudolf Schnettler, München 1983

[10] Jörg Zink, a.a.O., S. 210

MÜNSTERSCHWARZACHER KLEINSCHRIFTEN
Schriften zum geistlichen Leben
ISSN 0171-6360
herausgegeben von Mönchen der Abtei Münsterschwarzach

1	A. Grün OSB, **Gebet und Selbsterkenntnis**	(1979) 56 S. DM 4,80
2	B. Doppelfeld OSB, **Der Weg zu seinem Zelt** Der Prolog der Regula Benedicti als Grundlage geistlicher Übungen	(1979) 64 S. DM 5,40
3	F. Ruppert OSB/A. Grün OSB, **Christus im Bruder**	(1979) 56 S. DM 4,80
4	P. Hugger OSB, **Meine Seele, preise den Herrn**	(1979) 84 S. DM 7,40
5	A. Louf OCSO, **Demut und Gehorsam**	(1979) 55 S. DM 4,80
6	A. Grün OSB, **Der Umgang mit dem Bösen**	(1980) 84 S. DM 7,40
7	A. Grün OSB, **Benedikt von Nursia — Seine Botschaft heute**	(1979) 60 S. DM 5,20
8	P. Hugger OSB, **Ein Psalmenlied dem Herrn** Teil 1: Möglichkeiten des heutigen Psalmengebets	(1980) 72 S. DM 6,80
9	P. Hugger OSB, **Ein Psalmenlied dem Herrn** Teil 2: Impulse zum christlichen Psalmengebet; Psalm 1 – 72	(1980) 80 S. DM 7,60
10	P. Hugger OSB, **Ein Psalmenlied dem Herrn** Teil 3: Impulse zum christlichen Psalmengebet; Psalm 73 – 150	(1980) 80 S. DM 7,60
11	A. Grün OSB, **Der Anspruch des Schweigens**	(1980) 72 S. DM 6,80
12	B. Schellenberger OCSO, **Einübung ins Spielen**	(1980) 52 S. DM 4,80
13	A. Grün OSB, **Lebensmitte als geistliche Aufgabe**	(1980) 60 S. DM 5,60
14	B. Doppelfeld OSB, **Höre, nimm an, erfülle** St. Benedikts Grundakkord geistlichen Lebens	(1981) 68 S. DM 6,80
15	E. Friedmann OSB, **Mönche mitten in der Welt**	(1981) 76 S. DM 7,40
16	A. Grün OSB, **Sehnsucht nach Gott**	(1982) 64 S. DM 6,40
17	F. Ruppert OSB/A. Grün OSB, **Bete und arbeite**	(1982) 80 S. DM 7,80
18	J. Lafrance, **Der Schrei des Gebetes**	(1983) 62 S. DM 6,40
19	A. Grün OSB, **Einreden,** Der Umgang mit den Gedanken	(1983) 78 S. DM 7,80
20	R.-N. Visseaux, **Beten nach dem Evangelium**	(1983) 68 S. DM 7,20
21	J. Main, **Meditieren mit den Vätern** Gebetsweise in der Tradition des J. Cassian	(1983) 56 S. DM 5,40
22	A. Grün OSB, **Auf dem Wege,** Zu einer Theologie des Wanderns	(1983) 72 S. DM 7,40
23	A. Grün OSB, **Fasten — Beten mit Leib und Seele**	(1984) 76 S. DM 7,60
24	G. Kreppold OFMCap, **Heilige — Modelle christlicher Selbstverwirklichung**	(1984) 80 S. DM 7,80
25	G. Kreppold OFMCap, **Die Bibel als Heilungsbuch**	(1985) 80 S. DM 7,80
26	A. Louf/M.Dufner, **Geistliche Vaterschaft**	(1984) 48 S. DM 5,20
27	B. Doppelfeld OSB, **Die Jünger sind wir** Das Leiden Jesu Christi, mit seinen Jüngern erlebt	(1985) 64 S. DM 6,80
28	M. W. Schmidt OSB, **Christus finden in den Menschen**	(1985) 44 S. DM 4,80
29	A. Grün OSB/M. Reepen OSB, **Heilendes Kirchenjahr**	(1985) 84 S. DM 7,80
30	F.-X. Durrwell, **Eucharistie — das österl. Sakrament**	(1985) 74 S. DM 7,40
31	B. Doppelfeld OSB, **Mission**	(1985) 60 S. DM 6,40

32	A. Grün OSB, **Glauben als Umdeuten**	(1986) 66 S.	DM 6,80
33	A. Louf OCSO/A. Grün OSB **In brüderlicher Gmeinschaft leben**	(1986) 54 S.	DM 5,60
34	C. de Bar, **Du hast Menschen an meinen Weg gestellt**	(1986) 54 S.	DM 5,60
35	G. Kreppold, **Kranke Bäume – Kranke Seelen**	(1986) 87 S.	DM 7,80
36	A. Grün OSB, **Einswerden – Der Weg des hl. Benedikt**	(1986) 80 S.	DM 8,80
37	B. Community, **Regel für einen neuen Bruder**	(1986) 48 S.	DM 5,20
38	B. Doppelfeld OSB, **Gemeinsam glauben**	(1986) 60 S.	DM 6,40
39	A. Grün OSB, **Dimensionen des Glaubens**	(1987) 78 S.	DM 8,40
40	B. Jaspert, **Benedikts Botschaft**	(1987) 60 S.	DM 6,40
41	J. Domek OSB, **Gott führt uns hinaus ins Weite**	(1987) 68 S.	DM 7,40

Weitere Veröffentlichungen in dieser Reihe folgen.

VIER-TÜRME-VERLAG

D-8711 Münsterschwarzach Abtei (0 93 24) 20-2 92